Tiergötter — Götzentiere

Tiergötter — Götzentiere

Franz Kreuzer
im Gespräch mit Eike-Meinrad Winkler,
Rudolf Hernegger
und Otto Koenig

Franz Deuticke Verlagsgesellschaft m. b. H., Wien

Bildnachweis:
Rainbird Publishing, London: 14
R. Piper & Co., München: 15, 22, 23

Wien 1985
Alle Rechte vorbehalten
© Franz Deuticke Verlagsgesellschaft m. b. H., Wien
Jede Art der Vervielfältigung, auch auszugsweise,
gesetzlich verboten
Satz: Garmond Helvetica leicht und normal
Papier: hf. Werkdruck, 120 g
Fotosatz und Druck: R. Spies & Co., 1050 Wien
ISBN 3-7005-**4553**-3

Inhalt

Gespräch mit Eike-Meinrad Winkler

Kreuzer: Herr Dozent Winkler, wenn man die beeindruckende Serie *Die ersten Menschen* von und mit Richard Leakey in Wien zusammenfassend besprechen will, sind zweifellos Sie der geeignetste Partner. Sie gehören als einer der Jungen dem Altenberger Kreis um Konrad Lorenz an — Lorenz hat Ihnen für Ihr gar nicht so dünnes Buch *Expedition Mensch* auch ein interessantes Vorwort geschrieben —, andererseits sind Sie einer der wenigen, wahrscheinlich der einzige österreichische Wissenschaftler, der mit Richard Leakey zusammengearbeitet hat, dem es gelungen ist, in den Leakey-Clan einzudringen, denn so einfach ist das gar nicht ...

Winkler: Das ist sicher nicht einfach. Ich habe Richard Leakey in Kenia 1977 anläßlich eines Projekts kennengelernt, und zwar habe ich vier Jahre lang die Stämme Westkenias und des ostafrikanischen Grabenbruches untersucht. Die Protektion Richard Leakeys hat es mir erst ermöglicht, in Kenia lebende Stämme zu untersuchen. Mit Leakey verbindet mich aber auch das Interesse an der Stammesgeschichte des Menschen — in Österreich bearbeite ich allerdings Funde vergleichsweise jüngeren Datums, also etwa aus der Jungsteinzeit.

Richard Leakey, der weiße Neger

Kreuzer: Noch ein paar Worte zum Milieu: Die Leakeys, eher nun schon in der zweiten und dritten Generation, haben sich bedeutende Verdienste um die Weltwissenschaft und natürlich auch um Kenia erworben — ich habe mich an Ort und Stelle davon überzeugen können. Deswegen haben sie in Kenia eine Art von Monopol; sie sind zutiefst ins Establishment des Landes eingewurzelt.

Winkler: Ja, und zwar auf ganz verschiedenen Ebenen. Richard Leakey selbst ist Direktor des Nationalmuseums in Nairobi, sein Bruder Staatssekretär, und der zweite Bruder ist im Tourismusgeschäft tätig.

Kreuzer: Er selbst gehört dem wichtigsten Stamm an ...

Winkler: Ja, er ist initiiert worden als Mitglied des Kikuju-Stammes. Die Kikuju sind der staatstragende, der größte Stamm in Kenia, und dementsprechend haben sie die größte politische Macht. Richard Leakey ist nach dem Kikuju-Ritual in den Stamm aufgenommen worden. Das war ein sehr kluger Schachzug seines Vaters, um eine möglichst große Integration seines Sohnes in das Land Kenia zu gewährleisten.

Kreuzer: Ein weißer Afrikaner, ein weißer Neger also, wenn man so sagen will.

Winkler: Ja, er ist ein weißer Afrikaner, und er weist auch bei jeder Gelegenheit darauf hin, daß er ein Sohn dieses Landes ist. Schon sein Großvater – soviel ich weiß, war er Geistlicher – lebte in Kenia. Es ist also eine Dynastie, die den – sagen wir einmal – Fossil-Markt von Tansania bis Kenia kontrolliert. Richards Mutter arbeitet unter anderem in der Olduway-Schlucht in Tansania, und Richard Leakey hat die fundträchtigen Gebiete am Turkana-See unter Kontrolle. Der Turkana-See hat früher Rudolfsee geheißen – nach dem österreichischen Kronprinzen, da von einem Österreicher entdeckt.

Eifersucht um „Lucy"

Kreuzer: Die Leakeys sind aber nicht die einzigen Paläontologen – darum gibt es auch wissenschaftliche Fehden. Dies fällt beim Lesen populärwissenschaftlicher Bücher auf, etwa bei der Lektüre des internationalen Buch-Hits *Lucy,* der sich auf einen noch zu besprechenden Fund, einen besonders alten Fund bezieht. Der Autor *Lucys,* Donald Johanson, ist doch ein Konkurrent der Leakeys ...

Winkler: Ja, das kann man sagen. Es ist eine bekannte Tatsache, daß Wissenschaftler trotz ihres Bemühens um Objektivität auch Menschen sind. Und gerade vor dem Hintergrund einer idealisierten Sachbezogenheit tritt dann ein so menschliches Hickhack, wie es sich etwa zwischen Leakey und Johanson ergeben hat, besonders deutlich hervor. Johanson hat in Äthiopien gearbeitet, im berühmten Afar-Dreieck, und dort die Reste des bisher ältesten Australopithecinen gefunden.

Kreuzer: Vielleicht sollten wir kurz übersetzen: Australopithecus, der *Südaffe*.

Winkler: Der Südaffe, ein Ausdruck von Raymond Dart, einem südafrikanischen Anatomen, der den ersten Fund dieser Spezies gemacht hat, und zwar das sogenannte Taung-Baby, ein kindliches Individuum dieser Spezies also.

Kreuzer: Die höchstentwickelte Form vor den eigentlichen Vormenschen ... Vielleicht sollten wir aber der Übersichtlichkeit halber Dissens und Konsens klarstellen. Die Grundthesen, wie sie uns durch die Leakey-Serie übermittelt worden sind, sind in der Weltwissenschaft eigentlich nicht bestritten. Oder gibt es ganz konträre Ansichten?

Winkler: Nein, ganz konträre Ansichten gibt es nicht. Es gibt Meinungsverschiedenheiten in bezug auf den Modus der Evolution, das heißt in bezug auf die Frage, was denn nun der Motor der Evolution sei. Ist es so, wie Leakey in diesem Film in der zweiten oder dritten Folge ausführt, daß es eine Serie von Zufällen ist, die die Evolution determiniert, oder gibt es — wie wir meinen — zwei Gegenspieler in der Evolution, nämlich *Zufall* und *Notwendigkeit*? Wird der Zufall nicht „eingefangen", tritt nicht das ein, was sich dann als sogenannte Kanalisierung in Form von Evolutionstrends erkennen läßt?

Afrika — Wiege der Menschheit

Kreuzer: Vorerst vielleicht noch eine Frage, die sich aufdrängt, wenn man die Weltkarte anschaut und die Punkte betrachtet, an denen die bedeutenden Funde gemacht worden sind. Wie kommt es eigentlich zu diesen Funden? Sicherlich zum Teil zufällig, das weiß man. Irgendwo wird beim Bauen, beim Graben ein Knochen, ein Stück Schädel gefunden; die Bedeutung dieses Fundes wird dann eher zufällig entdeckt. Trotzdem: Gibt es irgendwelche

Regeln, wo man suchen soll? — Wenn Ihnen heute die Vereinten Nationen hundert Millionen Dollar geben und sagen: Machen Sie ein weltweites Programm zur Aufdeckung weiterer Zusammenhänge der Menschheitsentstehung, zum Auffinden der Missing links, wo würden Sie suchen? Dort, wo schon gesucht wird, weil es offenkundig erfolgreich ist? Oder gibt es Hinweise auf andere Hoffnungsgebiete? Welche Kontinente wären verdächtig? Welche geologischen Voraussetzungen gelten als günstig?

Winkler: **Wenn ich die frühesten Abschnitte der Menschheitsgeschichte untersuchen wollte, würde ich sicher Afrika aufsuchen. Afrika ist, den Funden nach zu schließen — es gibt natürlich Hypothesen, die das Gegenteil sagen und die auf Asien tippen —, die Wiege der Menschheit. In Afrika dürften die frühesten Vorfahren des Menschen gelebt haben. Dies bezeugen schon die vielen Fundstellen, aus denen uns die bisher ältesten steinzeitlichen Werkzeuge bekannt sind — wichtige Hinweise auf mögliche Fossilfundstellen. Ich ginge also nach Afrika. Zweitens würde ich die geologischen Bedingungen anschauen, die in Afrika gegeben sind, und da sehe ich, daß wirklich interessante Gebiete nur in Ost- und Nordafrika, eventuell in Südafrika zu finden sind. Der tropische Regenwald entlang des Äquators verhindert nämlich jede Art von Fossilisation: Die sauren Böden des Urwaldes vernichten die Knochen, sobald sie in den Boden gelangen. Es kommen nur solche Gebiete in Frage, die in Flußsedimenten oder Seeablagerungen oder in Höhlen die Chance bieten, daß Knochen, sobald sie entfleischt sind und in die Erde kommen, durch Sedimente zugedeckt werden und dann fossilisieren können.**

Kreuzer: Ehemalige Seeufer oder Flußufer also.

Winkler: **Ja, oder Höhlen. Höhlen sind ebenfalls gute Fundstätten.**

Kreuzer: Die Fundstellen liegen also dort, wo auch heute Brüche sind, Schluchten, wo man auch in die tieferen Schichten vordringen kann. Für Grabungen bieten sich also vor allem Schluchten an.

Winkler: Erosionsschluchten sind besonders geeignet. Olduway zum Beispiel ist eine Erosionsschlucht. Auch die Fundstätten am Turkana-See sind großteils durch Erosion freigelegt. Man könnte fast sagen, daß die Fossilien dort „abgeerntet" werden – von großen Feldern, wo sie durch Regen und Wind herausgewaschen werden.

Kreuzer: Man muß bedenken: Erstens geht es um die Zugänglichkeit dieser Schichten und den Umstand, daß dort Knochen erhalten bleiben konnten. Zweitens müssen es aber auch Gegenden sein, in denen sich die frühen Menschen oder die hochentwickelten Affen aufgehalten haben. Waren das auch damals Seeufer?

Winkler: Ja, das waren vorzugsweise Seeufer. Seeufer sind sehr günstig für solche Untersuchungen, vor allem in der Nähe von Flußmündungen. Bei Flußmündungen gab es Wildwechsel, und der frühe Mensch wird sich sicher an diesen Plätzen aufgehalten haben, um den Wildreichtum auszunützen. Rekonstruktiv kann man das Verhalten des Urmenschen also schon heranziehen, um solche Plätze aufzufinden.

Kreuzer: Würde man auf anderen Kontinenten analoge Forschungen anstellen, müßte man ähnliche Situationen suchen. Wobei die Frage besteht, ob auf anderen Kontinenten bereits so frühe Funde überhaupt möglich wären.

Winkler: Das hängt davon ab, ob man die Vorformen der frühesten Hominiden einbezieht, die tertiären Menschenaffen, die natürlich auch schon in Asien vorhanden waren, nicht nur in Afrika. Ich meine den Ramapithecus.

Wie alt ist der Mensch? – Korrektur um eine Dezimalstelle

Kreuzer: Hier sollte vielleicht betont werden, daß es eine sehr große Überraschung war, bei den afrikanischen Funden herauszubekommen, daß der Mensch und seine Vorformen um Millionen Jahre älter sind, als man ursprünglich annahm. Wenn ich meine Mittelschulzeit in Erinnerung rufe: Damals hat man uns gesagt – man hat es uns übrigens sehr schlecht gesagt –, daß der Mensch ein Produkt der Eiszeit ist — vorher waren irgendwelche Affen oder gar nichts. Daß die Entwicklung nicht hunderttausend Jahre, sondern Millionen Jahre zurückgeht, also tief ins Tertiär, in die Voreiszeit, ist eine Erkenntnis der letzten Jahrzehnte. Dann beginnt ein großes dunkles Loch, über das man nichts weiß — bis zurück zu dem von Ihnen erwähnten hoffnungsvollen Affen Ramapithecus, der vor acht Millionen Jahren gelebt hat. — Jetzt wäre natürlich als nächste Enthüllung denkbar, daß man auf einem anderen Kontinent einen Entwicklungsherd findet, der dieses dunkle Loch ausfüllt, der noch ein, zwei Millionen Jahre älter ist als etwa „Lucy". Es gibt aber keinen Hinweis auf so einen Fund …

Winkler: Das ist richtig. Die nachfolgende Entwicklung ist aber eigentlich nur in Afrika in dieser Fülle dokumentiert. In Asien gibt es von den frühesten Hominiden, also den Australopithecinen, keine gesicherten Funde, es gibt nur die erwähnte tertiäre Vorform, den Ramapithecus. Es ist sehr unwahrscheinlich, daß sich aus einem asiatischen Ramapithecus unabhängig von der Entwicklung der Hominiden in Afrika eine eigene Hominidenlinie entwickelt hätte.

Wieso auf einmal?

Kreuzer: Jetzt sollten wir ein wenig zum Grundsätzlichen kommen, unser Thema querdurch analysierend. Sie sagen selbst, daß es verschiedene Auffassungen über den Gang der Evolution gibt. Entscheidend dürfte aber in jedem Fall sein: Die Evolution geht schubartig vor sich. Die längste Zeit entwickeln sich die Organe langsam oder gar nicht, und dann kommt es geradezu zu Explosionen. Konrad Lorenz hat den Begriff der „Fulguration" geprägt, der blitzschlagartigen Erhellung des Entwicklungshorizontes (lat. fulgur = Blitz). Diese Bezeichnung trifft auf die Entwicklung des Menschen zu, die als ganze eine Explosion ist. Wenn man die Evolution des Lebens auf eine Zeitlinie aufträgt, die einem 24-Stunden-Tag entspricht, dann fällt die Entwicklung des Menschen, selbst wenn wir sie neuerdings mit einigen Millionen Jahren bemessen, in die letzte „Minute" dieses 24stündigen Tages. Und jetzt geht es dann im Detail um die „Sekunden" innerhalb dieser

Minute. Die ganze Menschheitsentwicklung ist eine ungeheure Fulguration, ein „Kugelblitz" der Evolution.

Winkler: **Gewiß.** Der Begriff Fulguration bedeutet nach Lorenz das Entstehen von neuen Eigenschaften, von neuen Systemeigenschaften, durch die Integration, durch das Zusammentreten von vorerst unabhängig entstandenen Subsystemen, Merkmalsystemen.

Kreuzer: „Zusammenschnackeln", sagt Konrad Lorenz.

Winkler: Ja, „Zusammenschnackeln" von vorher unabhängig entstandenen Merkmalsystemen. Wichtig ist dabei, daß diese neue Ganzheit nicht aus den Untersystemen vorhersagbar ist. Das heißt, es besteht eine einseitige Beziehung zwischen diesen Untersystemen und der neuen Ganzheit. Das ist sehr wichtig. Es sind qualitativ neue Eigenschaften, die auftreten.

Kreuzer: Im Rückblick schaut es dann so aus, als wäre es beabsichtigt gewesen …

Winkler: Ja, im Rückblick schaut es so aus, als ob hier eine Präadaptation im Sinne einer Anpassung an zukünftige Umweltbedingungen vorgelegen hätte, aber das kann es nicht geben. Mutationen werden im Genom gespeichert, auch wenn sie keinen Vorteil bringen, solange sie nicht von Nachteil sind. Sobald alle für die Verbesserung eines komplexeren Funktionssystems notwendigen Mutationen gespeichert sind, wirken sie zusammen und machen gemeinsam dessen Veränderung aus. Was den zeitlichen Ablauf anlangt: „Fulguration" suggeriert ein punktuelles Ereignis. Punktuell ist die Fulguration natürlich nur, wenn wir die von Ihnen genannte geologische Zeitskala heranziehen, die einen Tag umfaßt. Auf dieser geologischen Zeitskala wird ein Prozeß — und die Fulguration ist in Wirklichkeit ein Fulgurationsprozeß — tatsächlich zu einem punktuellen Ereignis. In Wirklichkeit müssen wir uns vorstellen, daß eine Fulguration eine kontinuierliche, aber nicht gleichförmige Stufenfolge von Vorbedingungen und Anpassungen ist, die dann wieder zur Ausgangsbasis eines neuen Evolutionsschrittes werden. Typogenese, also das Entstehen von neuen Systemeigenschaften, wechselt ab mit Typostase, zeitweiliger Stagnation, während der sich zumindest auf morpholo-

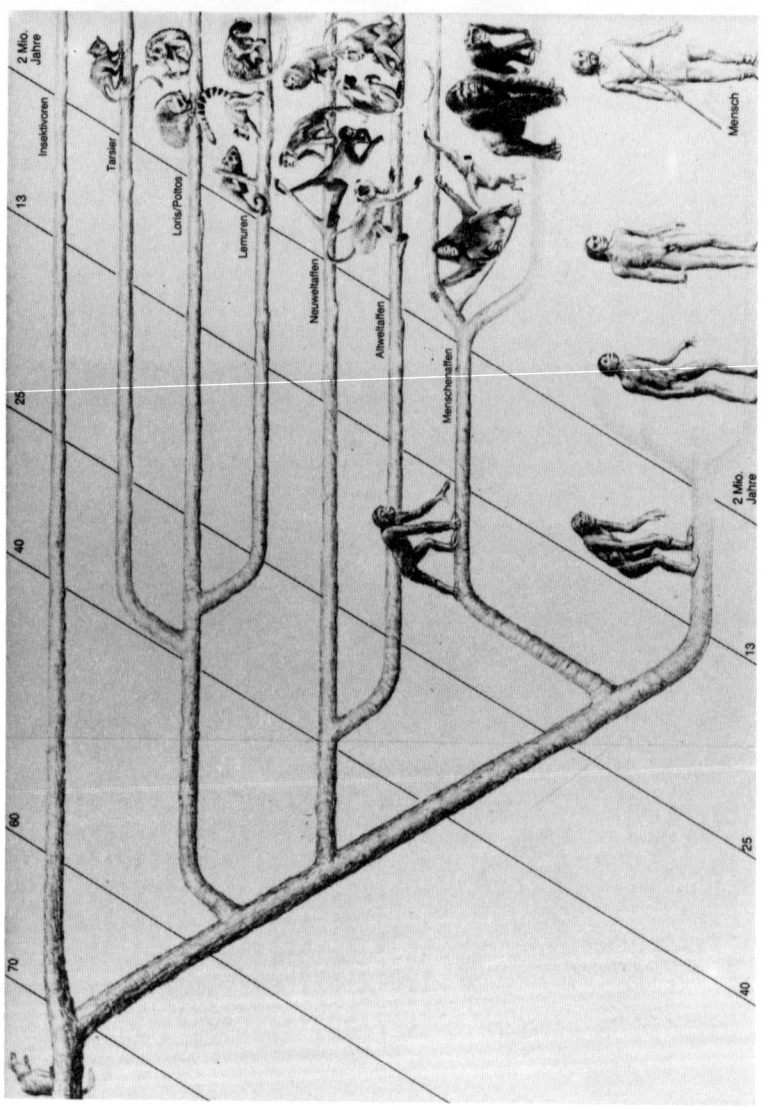

Millionen Jahre

H. sapiens

0.5

1.0 H. erectus

A. robustus

1.5

H. habilis

2.0

A. africanus

2.5

3.0

3.5

A. afarensis

4.0

gischer Ebene, auf der Ebene der Gestaltmerkmale, nichts oder sehr wenig abspielt. Immer dann, wenn eine neue Umwelt erobert werden muß, wenn sich die alte Umwelt ändert — zum Beispiel durch Eiszeiten —, wird die Beziehung zwischen den Organismen einer Art und der Umwelt instabil. Diese instabile Phase zwischen zwei Typostasen nennen wir die Phase der Typogenese.

Kreuzer: Da werden sprungartig ...

Winkler: ... die Mutationsraten erhöht, die Merkmalsänderung zeigt eine „hyperbolische Kinetik", es treten neue Funktionen auf.

Kreuzer: Ich weiß nicht, ob die Kurven, die ich hier bei der Hand habe, formal korrekt sind. Diese Kurve verläuft die längste Zeit statisch, wird aber dann durch wechselweise Beeinflussung sehr steil. In diesem Kurvenmodell: Nach einer solchen Entwicklung tritt wiederum Ruhe ein, die steile Kurve wird flach. Wenn man die beiden Phasen aneinanderhängt, dann sieht es so aus: Eine längere Zeit herrscht Ruhe, die Typostase, dann kommt eine kritische Phase der Herausforderung, eine „Fulguration", und dann wird es wieder ruhig. Um ein Beispiel aus der Evolution anzuführen: Vermutlich vor vier oder fünfhundert Millionen Jahren, nach einer endlos langsamen Entwicklungsphase, haben sich die Fische herausentwickelt, etwa der Hai; das wäre dann über ein paar Millionen Jahre diese Kurve; seither sind die Haifische zwar nicht ganz unverändert, im Typus aber gleichgeblieben.

Winkler: Sie zählen zu den sehr urtümlichen Formen.

Kreuzer: Ja, das heißt eine Hunderte Millionen Jahre lange Anlaufstrecke, eine kurze Entwicklungszeit und dann wieder hundert Millionen Jahre evolutionärer Stabilität. Das gilt auch für Organe. So ist das Auge entstanden, wahrscheinlich relativ schnell. Seither ist das Auge das Auge geblieben.

Winkler: Wichtig ist, daß es sich um einen kontinuierlichen, das heißt in graduellen kleinen Schritten weitergehenden Prozeß handelt, der aber nicht gleichförmig ist. Der evolutive Wandel, die „Fulgurationen", findet in den Verschnellungsphasen statt.

Die Chance der Menschwerdung

Kreuzer: Ehe wir jetzt zu unserem eigentlichen Thema, nämlich zum Ursprung des Menschlichen kommen, ein paar Hinweise, welche Vorvorweichenstellungen schon stattgefunden hatten vor der Zeit, von der wir reden. Da ist natürlich die allerälteste: Die Herausbildung der DNS, der Erbsubstanz, die auf der ganzen Welt für alles Leben die gleiche ist, dann die Erfindung der Zelle, die Entwicklung der einzelnen Sinnesorgane, der Übergang zum Wirbeltier, also die Erfindung der Wirbelsäule und des Zentralnervensystems, der Übergang zum Warmblütler, und dann geht es mit mehreren solchen Entwicklungssprüngen — man kann viele Stationen als weichenstellend betrachten — herauf zu den Primaten. Was zeichnet diese nun aus, und was ist bei allen diesen die Voraussetzung für die Chance, Mensch zu werden, denn mehr als eine Chance war es ja nicht …

Winkler: **Mehr als eine Chance war es nicht. Evolution ist nicht vorhersagbar. Es handelt sich also nicht um einen teleologischen Prozeß, der sich auf den Schlußstein des Himmelsgewölbes hinentwickelt, auf den Punkt Omega, sondern um einen Prozeß, der zufällig und notwendig zugleich ist. Die Primaten sind, um es gleich vorwegzunehmen, nicht die „Herrentiere", ihr Name bedeutet die „Vorrangigen". Und innerhalb dieser Primaten gibt es die Überfamilie der Hominoidea; um diese Hominoidea geht es uns. Zu den Hominoidea gehören die Pongiden, das sind die heute lebenden *Menschenaffen,* und die eigentlichen Hominiden, die späteren *Menschen.***

Kreuzer: Und beide Gruppen lassen alle anderen Affen, alle anderen Primaten hinter sich.

Winkler: **Ja, sie sind die höchstentwickelten Primaten, die wir kennen.**

Der geniale Drang zum aufrechten Gang

Kreuzer: Jetzt sind wir in der Evolution etwa so zehn, zwanzig Millionen Jahre vor unserer Zeit im Tertiär.

Winkler: Wir müssen uns vorstellen: Wir sind etwa im mittleren Miozän, das ist also vor etwa zehn bis fünfzehn Millionen Jahren. Zu diesem Zeitpunkt gibt es bereits Vorformen der Menschenaffen, tertiäre Menschenaffen, die Waldaffen. Von diesen unterscheidbar ist ein Typ, der bereits recht menschenähnliche oder hominidenähnliche Merkmale aufweist, nämlich der Ramapithecus, der nach dem indischen Gott Rama benannt ist, und zwar nach den ersten Funden, die in der Sivalik-Bergkette in Nordindien gemacht wurden.

Kreuzer: Zehn Millionen Jahre alt ...

Winkler: Ungefähr zehn Millionen Jahre alt; zu diesen Ramapithecinen gehört eine Reihe von Formen, und es ist nicht ganz sicher, welche dieser Formen der Ramapithecinen nun zu den heutigen Menschenaffen geführt hat.

Warum wandern die Augen nach vorne?

Kreuzer: Was haben sie können? Sie haben noch auf Bäumen gelebt, jedenfalls vorwiegend.

Winkler: Ja, sie haben sich zeitweise aber auch auf dem Boden bewegt. Warum war das besonders wichtig? Damals, etwa zehn oder acht Millionen Jahre vor unserer Zeit, war der Wald auf dem Rückzug, auf Grund einer Klimaänderung. Ein trockeneres, steppenartiges Klima hat sich langsam ausgebreitet, und der Wald ist immer schütterer geworden. Die Primaten in diesen miozänen Wäldern waren gezwungen, große Lichtungen zu überbrücken. Dadurch sind Fulgurationen, also Evolutionsprozesse wie die Entstehung der Zweibeinigkeit, gefördert worden.

Kreuzer: Das heißt also: Diejenigen Affen, die sich auf zwei Beinen etwas besser bewegen konnten als die anderen, haben sich besser fortpflanzen können.

Winkler: Ja, das sogenannte fakultative, also das vorübergehend zweibeinige Gehen war aber nur eine der Anpassungen an die neue Umweltsituation. Die Primaten, in diesem Fall also die Ramapithecinen, hatten jedoch auch andere wichtige Anpassungen abgeschlossen oder begonnen, die mit dem Wald zusammenhängen. Dazu gehört das räumliche Sehen, das Farben-Sehen, das Hell-Dunkel-Sehen, die Ausbildung einer Hand, an der der Daumen bereits leicht verlängert gewesen sein muß — aber noch keine Spezialisierung insbesondere der Finger und Zehen, wie sie die heutigen hangelnden Menschenaffen aufweisen, die mit ihrer vorwiegenden Fortbewegung in den Bäumen zu tun hat ...

Kreuzer: Wir haben jetzt etwas Wichtiges erwähnt, wie mir scheint und wie aus der Literatur zu entnehmen ist, nämlich das Nach-vorne-Wandern der Augen beim Vormenschen, beim Primaten, das eine der Voraussetzungen des räumlichen Sehens ist; und das räumliche Sehen stellt wieder einen ganz besonderen Reiz für das Nutzen der vorderen Extremitäten als *Hände* dar. Die Hand wird möglicherweise *vom Auge gemacht,* denn das Auge, das fokussieren kann, zieht geradezu die Hände in die Fokus-Distanz. Darum die Grundfrage: Was hat eigentlich die Augen nach vorne gezogen? Es gibt widersprüchliche Theorien. Plausibelste Vermutung: der Vorteil des räumlichen Sehens. Es gibt aber auch eine Theorie, daß das räumliche Sehen eine sekundäre Nutzung war, daß der eigentliche Evolutionsschub durch das bessere Nachtsehen bewirkt wurde, weil die überlappenden Gesichtsfelder in der Nacht die *größere Sehkraft* hatten, was evolutionstheoretisch heißt: größere Sicherheit vor Nachtraubtieren. Dann ist das Leben sozusagen draufgekommen: Diese nach vorne gerückten Augen sind nicht nur sehkräftig in der Nacht, sondern sie können auch bei Nachjustierung der Hirninstanzen räumlich sehen.

Winkler: **Da muß man festhalten: Die Vorfahren des Menschen, die Hominiden, zeigten keine oder keine so starke Anpassung an ein Nachtleben wie etwa die heutigen Lemuren auf Madagaskar ...**

Kreuzer: ... die Äffchen mit den ganz großen Augen ...

Winkler: ... die mit den ganz großen Augen. Die menschenartigen Affen und die Hominiden haben natürlich relativ große Augen. Das kann durchaus als Anpassung an das Halbdunkel des Blätterdaches in den miozänen Urwäldern gewertet werden. Ich glaube aber, daß das räumliche Sehen an sich schon ein großer selektiver Vorteil war, der genug Schubkraft hatte, um die Augen der Primaten von der Seite nach vorn rücken zu lassen und zu einer Einheit des Gesichtsfeldes zu kommen.

Blick macht Hand

Kreuzer: Zweifellos waren die Augen aber früher vorn, als die Vorderfüße zu Händen geworden sind. Wenn man es vereinfacht sagen will: Der menschliche Blick macht die Hand oder wirkt dabei mit, die Hand zu machen, damit aber auch das Aufstellen.

Winkler: **Sicher ist der Blick eine wichtige Vorbedingung, das ist keine Frage.**

Kreuzer: Diese Vorbedingung war schon erfüllt, als der Prozeß der Menschwerdung begann. Der Ramapithecus hatte die Augen vorne und somit diese wichtige Voraussetzung für das *Aufstehen* und für das Benutzen der Vorderextremitäten als *Hände*.

Winkler: **Eine Schwierigkeit besteht darin, daß der Ramapithecus nur ein Modell für unseren Ahnen ist. Unglücklicherweise existieren vom Ramapithecus nur ganz wenige Fragmente des Schädels, das heißt, wir wissen heute gar nicht, ob dieser Prozeß des Nach-vorne-Wanderns der Augen schon abgeschlossen war. Wir haben eigentlich nur Kieferbruchstücke des Ramapithecus, daher sind Aussagen über sein Körperskelett, aber auch über seine Fortbewegung oder seine Handfertigkeit sowie die Beziehung zwischen seinen Augen und seinen Händen im Grunde spekulativ.**

Die Beatles geben der Ur-Urgroßmutter den Namen

Kreuzer: Wir müssen nochmals festhalten: Vom Ramapithecus — zirka acht Millionen Jahre vor unserer Zeit — bis zu den afrikanischen Funden, die vier, fünf Millionen Jahre alt sind

— „Lucy" —, dehnt sich ein großes schwarzes Loch. Dazwischen können wir nur rekonstruieren, können wir nur vermuten, wie es sich abgespielt hat.

Winkler: Hier klafft das sogenannte „evolutionary gap", das schwarze Loch der Evolution von etwa sechs Millionen Jahren. In diese Zeit fallen unglücklicherweise die wichtigsten Vorstufen des Fulgurationsprozesses des aufrechten Ganges. Das ist das größte Problem, das wir haben. „Lucy" geht bereits aufrecht. Sie zeigt aber auch in bezug auf den aufrechten Gang noch einige sehr affenähnliche Merkmale. So sind unter anderem die Beckenschaufeln sehr flach — das kleine Becken ist oval. Im großen und ganzen dürfte das aber wahrscheinlich keinen Einfluß auf den aufrechten Gang gehabt haben, und „Lucy" kann als aufrecht gehend bezeichnet werden.

Kreuzer: Wir sprechen von „ihr". „Sie" war weiblich?

Winkler: Die Geschlechtsdiagnose bei fossilen Formen ist natürlich ein Problem — es ist schon ein Problem bei Skeletten des heute lebenden Homo sapiens. Mit einiger Wahrscheinlichkeit kann man aber annehmen, daß „Lucy" weiblich war. Sie war auch besonders klein, wahrscheinlich nicht größer als 110 bis 120 Zentimeter. Die Frage ist allerdings, ob sie tatsächlich repräsentativ ist für die Gruppe des Australopithecus afarensis. Lucy könnte in bezug auf ihre Größe ja auch am unteren Ende der normalen Variationsbreite gestanden sein.

Kreuzer: Beide Namen stammen von Johanson. Das konnte in der Fernsehserie nicht gezeigt werden, weil Johanson ja die Konkurrenz des Leakey-Clans repräsentiert. Wir sollten vielleicht erzählen, wie beide Namen zustande gekommen sind: Beim Australopithecus afarensis ist der abessinische Fundort, die Afar-Ebene, angesprochen; und der Name „Lucy" ist das Produkt einer lustigen Entscheidung am Abend des Tages, an dem das Skelett gefunden wurde. Es war wirklich eine große Sensation, weil beinahe ein komplettes Skelett in einem gefunden wurde. An diesem Abend lief am Lagerfeuer die Beatles-Platte: „Lucy in the sky with diamonds", und Johanson kam auf die Idee, das Skelett „Lucy" zu nennen. Als solches ist es jetzt ein popu-

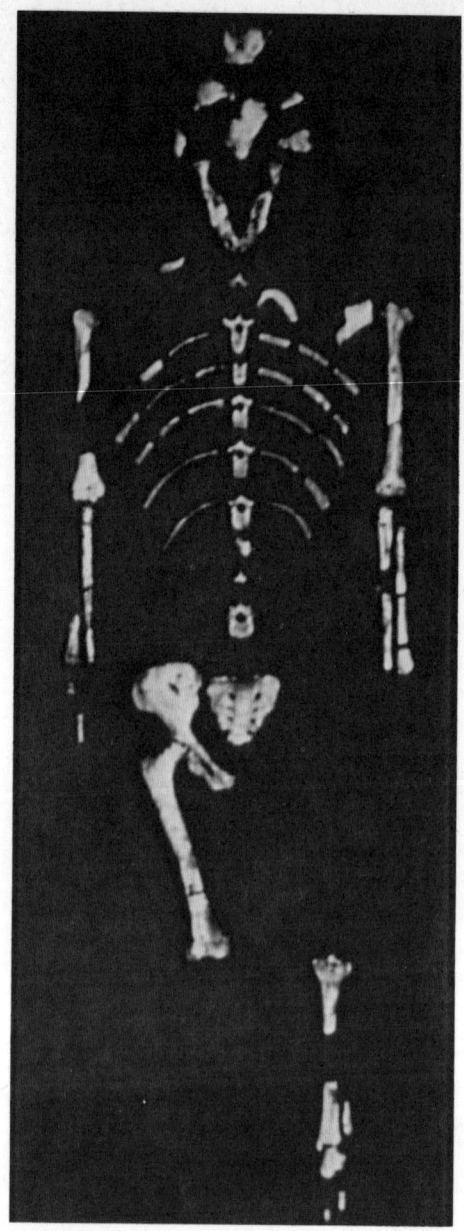

Der Sensationsfund Donald Johansons, ein fast vollständiges, 3,5 Millionen Jahre altes Skelett an einem Platz: Australopithecus afarensis, „Lucy"

Eine Bestätigung für die Bedeutung des „Lucy"-Fundes aus dem Aus-
grabungsbereich der Leakey-Familie: ca. 3,7 Millionen Jahre alte Fußabdrücke eines offenbar aufrecht gehenden Vormenschen, der ein Kind
an der Hand führt

lärwissenschaftlicher Hit. Es korreliert allerdings mit einem Leakey-Fund, mit einem ganz bedeutenden, den wir in der zweiten Folge der Serie gesehen haben, nämlich mit den Fußabdrücken einer aufrecht gehenden Mutter mit Kind, ebenfalls vier, fünf Millionen Jahre zurückliegend. So bestätigt eines der wissenschaftlichen Lager das andere.

Winkler: **Es ist so, daß diese Fußabdrücke in Laetoli in Tansania gefunden wurden, und zwar haben sie sich vor etwa viereinhalb Millionen Jahren, wie Sie schon sagten, im frisch gefallenen Aschenregen eines Vulkanausbruches abgedrückt und sind dadurch erhalten worden, daß sie schnell mit anderen Sedimenten ausgefüllt worden sind. Diese Fußabdrücke zeigen, daß zu diesem Zeitpunkt bereits ein echter Zweibeiner vorhanden war. Aus dieser Gegend gibt es auch fossile Schädelbruchstücke, und diese ähneln in einer frappierenden Weise den Funden aus Äthiopien aus Afar — daher wurden die Funde beider Fundorte von Laetoli und von Afar von Johanson und White zu einer neuen Spezies und damit zur frühesten, zur ältesten Hominiden-Spezies zusammengefaßt, nämlich zum Australopithecus afarensis. Die Diskussion über diese neue Art ist aber noch im Fluß.**

Aufrechter Gang:
Ist Sex des Rätsels Lösung?

Kreuzer: Was nun die wichtigste Frage ist: Warum stellt sich der Primat auf und wird damit zum Hominiden, zum Vormenschen? Wir haben bereits einige mögliche Gründe erwähnt: Zurückgehen des Waldes, die Notwendigkeit, Lichtungen zu überschreiten, möglicherweise das bereits vorhandene räumliche Sehen, das eine Verlockung bietet, die Vorderfüße als Hände zu benutzen. Es gibt eine ganze Reihe weiterer Theorien; sie beziehen sich alle auf dieses schwarze Loch von vier bis sechs Millionen Jahren, in dem das alles stattgefunden haben muß. Mir ist eine interessante Theorie aufgefallen, die von Johanson in seinem Buch *Lucy* hervorgehoben wird. Johanson erwähnt die Theorie von Owen Lovejoy. Diese Theorie bezieht sich auf die verschiedenen Fortpflanzungsstrategien im Verlauf der Evolution. Es gibt da die eine Strategie, die man r-Strategie nennt, nämlich möglichst viele Eier in die Welt zu setzen — ganz primitive Lebewesen wie die Austern wenden sie an: Sie setzen Millionen und aber Millionen von Eiern in die Welt, ohne sich um sie zu kümmern. Dann gibt es die ganz andere, die K-Strategie: ganz wenige Kinder zu haben, diesen aber eine besondere Pflege angedeihen zu lassen. Extremfall: die ganz großen Menschenaffen etwa, die Gorillas, die überhaupt nur fähig sind, alle vier, fünf Jahre ein Baby zu haben. Nun sagt die Theorie: In diesem dunklen Evolutionsloch hätte, sich abspaltend von den hochentwickelten Affen, der Vormensch die Strategie radikal geändert. Er habe sozusagen erkannt, daß diese extreme K-Strategie in eine Sackgasse führt, daß man besser durchkommt, wenn man die Strategie wieder umkehrt, mehr Kinder hat, häufiger Kinder hat. Das bedeutet, daß die Mutter mehrere Kinder um sich haben mußte. Das war ein Motiv zum Aufstehen, um Kinder halten und pflegen zu können. Was sagen Sie zu dieser Theorie? Ist sie relevant? Es geht dabei auch um den Übergang zu dem, was für uns Menschen sehr wichtig ist, nämlich zur Dauerbrunft, zur Sexualität über das ganze Jahr hin, die In dieser Zeit entwickelt worden sein dürfte.

Winkler: Lovejoy hat zwei „Rückkopplungskreise", wie er sie nennt, entworfen, um zu zeigen, wie es zu den beiden Strategien kommt; bei den höchstentwickelten Primaten, den Pongiden, einerseits und den frühen Hominiden andererseits. Der erste Rückkopplungskreis geht davon aus, daß es eine verlängerte Kindheit gibt, daß das Primatenjunge, wenn es auf die Welt kommt, nicht fertig ist wie etwa ein junges Zebra, das nach wenigen Stunden bereits der Mutter folgen kann. Das wiederum bedeutet, daß die Mutter mehr in die Erziehung investieren muß, daß sie ein größeres Gehirn braucht, eine höhere intellektuelle Leistungsfähigkeit. Eine weitere Voraussetzung ist, daß das Kind in eine soziale Gruppe, in der es sicher ist, eingepaßt ist, daß es also ein funktionierendes und komplexes soziales Interaktionssystem geben muß — bereits auf der Stufe der großen Menschenaffen, der Pongiden. Lovejoy sagt nun, daß die großen Menschenaffen nicht erst durch die Massaker aussterben, die der Homo sapiens unter ihnen anrichtet, um sie für diverse immunologische Zwecke zu verwenden. Er sagt, daß die großen Menschenaffen durch ihre Fortpflanzungsstrategie — immer nur ein Kind zur gleichen Zeit — zum Tode verurteilt sind. Nun, was war die Folge des Strategie-Wechsels bei den Hominiden? Lovejoy sagt folgendes: Eine Mehrzahl von Kindern zur gleichen Zeit hat zur Folge, daß die Mobilität geringer ist; zumindest die Mutter, wahrscheinlich aber auch die ganze Gruppe, kann nicht mehr ununterbrochen durch Wandern neue Nahrungsquellen erschließen, das heißt, es kommt zur Ausbildung einer sogenannten Basis, eines inneren Aktionsradius also, der für die Weibchen mit den Jungen kleiner ist als für die Männchen, die tagsüber draußen herumschweifen und Futter suchen. Die Weibchen, die nun mehrere Junge haben, sind in zunehmendem Maße von dem Futter abhängig, das die Männchen oder die Männer vom Herumschweifen nach Hause bringen. Nun wäre es sicher schlecht und auch nicht im Sinne der Einheit der Gruppe, der Primaten-, der Hominidengruppe, wenn das jeweils wechselnde Beziehungen wären, das heißt, es ist notwendig, daß es zu einer Individualisierung der Beziehungen in dieser Gruppe kommt: *Ein* Mann versorgt regelmäßig *ein* Weibchen mit mehreren Jungen. Nun, wie kann dieses Weibchen für diesen Mann attraktiv bleiben? — Indem es das ganze Jahr über sexuell ansprechbar ist. Die Einehe des Homo sapiens oder vielleicht bei den Hominiden überhaupt gehört zu unseren Typus-Merkmalen, übrigens auch bei den Graugänsen. Eine weitere Folge der Individualisierung der Partnerbeziehungen und des engeren Aktionsradius der Weibchen mit mehreren Jungen ist auch eine starke Arbeitsteiligkeit. Lovejoy meint, daß die Zweifüßigkeit unter anderem dadurch stimuliert hätte sein können, daß die Männchen von ihren Streifzügen Futter nach Hause gebracht haben; wenn man die freigesetzten Hände und Arme hat, kann man natürlich mehr Futter tragen ...

Kreuzer: ... und die Frauen brauchen die Arme für die Kinder, für die zahlreichen Kinder, wie wir schon erwähnt haben.

Winkler: Lovejoy sieht dann als weitere Folge der Zweifüßigkeit das Phänomen der Werkzeuglichkeit, wie es in der Fachliteratur heißt, die Tatsache also, daß die Menschen mit den freigewordenen Händen Werkzeuge entwickeln konnten; das wiederum förderte die Vergrößerung des Gehirns.

Gegentheorie:
Der Mensch als „nackter Affe"

Kreuzer: Nochmals die Grundüberlegung: Die großen Menschenaffen haben eine Evolutionsstrategie ins Extrem geführt, nämlich die Strategie: ganz wenige Nachkommen, nur alle fünf Jahre ein Junges, besonders sorgfältig aufzuziehen. Nun wäre ein Entwicklungssprung dadurch entstanden, daß der sich abspaltende Vormensch eine neue Strategie entworfen hätte: ganzjährige, also durchgehende Sexualität, daher mehr Kinder, daher Arbeitsteilung oder Funktionsteilung zwischen Mann und Frau, bei beiden Geschlechtern verbunden mit dem Anreiz, sich aufzustellen, denn Sich-Aufstellen heißt: Beute bringen können, Kinder halten können, mehrere Kinder versorgen können — ein Anreiz zum Sich-Aufstellen, zum aufrechten Gang also von der Veränderung des Zusammenlebens her. Das ist nicht unbestritten.

Winkler: Was macht Lovejoy? Lovejoy nimmt jene Subsysteme, die man auf jeden Fall aus diesem vernetzten Zusammenhang, der in dieser Phase der Menschheitsentwicklung wirksam gewesen sein muß, isolieren kann, gibt aber keine wirklichen Bedingungen an. Er sagt nicht: Wenn A, dann B, wenn B, dann C, sondern er sagt: Es sind einander tendenziell beeinflussende Größen; er möchte keine eindeutige lineare Kausalität innerhalb dieser Subsysteme oder Evolutionsfaktoren angeben. Nun gibt es eine sehr junge Theorie von einem englischen Anthropologen namens Wheeler. Wheeler hat etwas sehr Interessantes gemacht: Er hat einige Subsysteme in ihrer gegenseitigen Bedingung isoliert, und zwar Zweifüßigkeit, Haarlosigkeit des Menschen und Größenzunahme des Gehirns. Wheeler argumentiert auf der physiologischen Ebene. Die Haarlosigkeit des Menschen — der „nackte Affe" ist ja ein geflügeltes Wort geworden — ist natürlich nur eine funktionelle Haarlosigkeit. In Wirklichkeit haben wir genauso viele Haarfollikel oder Haare wie die Pongiden, die Menschenaffen, sie sind nur kürzer und dünner. Diese funktionelle Nacktheit des Menschen ist verschiedentlich erklärt worden: als sexuelle Attraktion, als Schutz vor Parasiten, die sich nicht einnisten können, weil wir nackt sind, als Anpassung an ein Wasserstadium im Laufe unserer Evolution — die wildesten Theorien also. Heute neigt man dazu, einen thermoregulatorischen Effekt als entscheidend zu betrachten. Wir müssen unsere Bluttemperatur konstant halten, und wir können sagen, daß der Homo sapiens von allen Säugetieren das effektivste Thermo-Regulationssystem besitzt.

Kreuzer: Das muß man wohl etwas erklären. An sich schaut es nach einem Mangel aus. Wenn wir uns bekleiden müssen, während die Tiere von vornherein wunderbare Kleidung mithaben: Wieso ist das ein Vorteil?

Winkler: Na ja, das paßt eigentlich zu Gehlens Theorie vom Mängelwesen. Es ist aber nur scheinbar so. Natürlich hat die funktionelle Nacktheit des Menschen auch Nachteile, das ist gar keine Frage, etwa daß wir uns während der kälteren Jahreszeiten bekleiden müssen und daß die Hitzestrahlung ungehindert auf die Haut trifft. In jener Zeit aber, als die Hominiden aus den miozänen Urwäldern in das Freiland „getreten sind", war es so, daß durch den Evolutionstrend der Verringerung der „Vorschnauzigkeit" die Oberfläche ihrer Nasenschleimhäute, die von venösem Blut durchpulst sind, kleiner wurde. Die Primaten sind daher die einzigen Säugetiere, die ihr Blut, das zum Hirn fließt, nicht über die Nasenschleimhäute kühlen können. Die anderen großen Säugetiere der Savanne kühlen das Blut, das zu ihrem Gehirn kommt, durch die großen Oberflächen, die in ihren Nasenmuscheln vorhanden sind. Man muß dabei bedenken, daß das Gehirn gegen Überhitzung sehr empfindlich ist. Wenn also unser Gehirn mehr als vier Grad über seine normale Temperatur erhitzt wird, sind wir durch Hitzschlag außer Gefecht gesetzt. Die Primaten mußten daher ihren ganzen Körper kühlen, um die Bluttemperatur konstant zu halten. Die Zweibeinigkeit bedeutet dabei bereits einen Vorteil, weil die Fläche, die der Hitzestrahlung der Sonne ausgesetzt ist, weniger als halb so groß ist wie bei einem vierbeinigen Primaten, etwa dem Pavian.

Kreuzer: Und am Kopf bleibt ja das Haar als Schutz.

Winkler: Ja. Am Kopf, dort, wo die Sonne auftrifft, bleibt das Haar als Schutz, und es ist bei uns auch länger als bei den anderen Primaten. Die Fläche, die der direkten Hitzestrahlung ausgesetzt ist, ist kleiner. Ein weiterer Vorteil ist der, daß die Luftströmung, die unten am Boden sehr gering ist, in einer größeren Höhe bereits enorm zunimmt, wodurch es zu einer Kühlung kommt. Der aufrechte Gang hat als weitere Konsequenz ermöglicht, daß an diesem bereits aufrechten Körper haarlose oder eben funktionell haarlose Flächen entstehen konnten, Verdunstungsflächen, was wiederum zu einer optimalen Abgabe von überschüssiger Wärme geführt hat. Das ist die Vorbedingung, daß unser großes Zentralnervensystem und unser Gehirn überhaupt entstehen konnten.

Primaten-Schicksal: als Embryo zur Welt kommen

Kreuzer: Wir müssen nicht unbedingt werten und gewichten. Halten wir fest, daß es wahrscheinlich ist, daß alle diese Theorien etwas für sich haben, weil es ein Ineinanderwirken aller dieser Regelkreise gibt. Erster Regelkreis: Das nach vorn gerichtete Auge, das raumsehende Auge macht die Hand, zieht die Hände nach oben; zweiter Regelkreis: Der Übergang zur Dauersexualität, zur Mehrkinderaufzucht, ist möglicherweise ein Anstoß für beide Geschlechter, sich aufzurichten; dritter Regelkreis: Die Zweibeinigkeit ist ein Anstoß zur funktionellen Nacktheit des Menschen und damit zur Vergrößerung des Gehirns.

Winkler: Jedenfalls gehen die Wirkungen auf Ursachen zurück, die wiederum bewirkt worden sind. Es geht um Rückkopplungen.

Kreuzer: Sie haben einen offenkundig noch früher zu plazierenden Evolutionssprung erwähnt: Einer der Voraussetzungen der Zerebralisierung, des Wachsens unseres Gehirns, war die Fähigkeit, Kinder früher zur Welt zu bringen, als es der Evolutionshöhe an sich angemessen ist. Säugetiere dieser Evolutionshöhe sind an sich Nestflüchter, kommen zur Welt und laufen davon. Daß die Primaten ein so großes Hirn entwickeln konnten, hat zur Voraussetzung, daß sie früher, als sie sollten — also eigentlich noch als Embryo —, zur Welt kommen. Das ist schon bei den höheren Affen der Fall. Diese „Erfindung" ist also mehr als zehn Millionen Jahre alt.

Winkler: Man nennt das auch *physiologische Frühgeburt* ...

Kreuzer: Und das war eigentlich auch ein Ausweg aus einer Sackgasse wie im Fall der K-Strategie. Die Sackgasse Durchtrittsgröße des Kopfes hätte nämlich die gesamte Menschheitsentwicklung absolut blockiert; da wäre es ja nicht weitergegangen. Das heißt, die Natur mußte draufkommen: Man kann einen größeren Kopf machen und mehr Hirn, wenn man den Embryo noch als Embryo zur Welt kommen läßt, was die Besonderheit des Primatenbabys bewirkt; es ist ein *unechter Nesthocker*. Wobei festzuhalten ist, daß die Erfindung des „Nestflüchters" in Überwindung des „Nesthockers" ein Hit der Evolution war.

Winkler: Man kann Lovejoy natürlich keinen wirklichen Vorwurf machen, daß er die Faktoren, die zur Evolution der Typus-Merkmale der Hominiden geführt haben, so locker gruppiert hat. Die erwähnte Theorie von Wheeler mit der funktionellen Nacktheit als Bedingung für eine erfolgreiche Hirnevolution ist jedenfalls von größter Bedeutung. Ich glaube, daß diese beiden Modelle vereinbar sind. Aber auch die Theorie der physiologischen Frühgeburt hat ihren Platz im Gesamtsystem der Theorien. Alles zusammen hat den Menschen gemacht.

Erst Vierbein, dann Zweibein, dann Dreibein

Kreuzer: Bleiben wir beim zentralen Punkt, den die Fernseh-Signation der Leakey-Serie signalisiert: Der Mensch, der sich aufgerichtet hat. Er ist also schon aufgerichtet in die vierte, fünfte, vielleicht sogar sechste Jahrmillion vor unserer Zeit eingetreten, viel viel früher, als wir es noch vor einer Forschergeneration für möglich gehalten hätten. Diese ersten zwei Stadien der Fernseh-Signation, in der der Affe auf vier Beinen daherkommt, obwohl er sich dann ein bißchen aufrichtet, liegen also ganz tief im Tertiär. Der Mensch, bereits aufrecht, ist in sein Vorvorstadium eingetreten — das muß ein ungeheurer Evolutionsvorteil gewesen sein, denn die Nachteile für ein Lebewesen, das darauf angelegt ist, sich auf vier Beinen fortzubewegen, sind beachtlich. Ich erinnere mich an das klassische Rätsel der Sphinx. Was ist das: Erst Vierbein, dann Zweibein, dann Dreibein. — Das ist der Mensch, denn zuerst kommt er auf vier Beinen daher, dann richtet er sich auf, und im Alter muß er als drittes Bein den Stock dazunehmen. Das heißt: Eigentlich tut ihm sein Leben lang das Zwei-Bein-Gehen nicht gut - Professor Riedl pflegt zu sagen, daß der Mensch als Wirbeltier eigentlich als Fisch, somit als Torpedo entworfen worden ist. Vorerst wird in der Evolution aus dem Torpedo durch das Ans-Land-Gehen eine Brücke, und dann stellt sich diese Brücke auch noch auf; das bedeutet, wir werden unsere Bandscheibenleiden nie los! Auch dieses Aufstellen ist also ein großes Problem.

Winkler: **Das ist richtig. Ich möchte noch betonen: Die Anpassung an den aufrechten Gang ist, wie die gesamte übrige Evolution, nicht zu Ende. Unsere Nachkommen in hunderttausend Jahren können durchaus besser angepaßt sein als wir. Unsere Altersleiden, die sich aus der Entwässerung der Bandscheiben und den diversen Erkrankungen des Achsenskelettes, der Wirbelsäule ergeben, sind Symptome dafür, daß die Anpassung an den aufrechten Gang noch nicht abgeschlossen ist. Das ist das, was ich gemeint habe, als ich sagte, daß es sich bei diesem Fulgurationsprozeß um einen kontinuierlichen, aber ungleichförmigen Prozeß handelt, der nicht zu Ende ist.**

Kreuzer: Ich schätze Ihren Optimismus bezüglich meiner Urur-
enkel, aber: Was die Evolution in fünf, sechs oder sieben
Millionen Jahren nicht fertiggebracht hat, nämlich mit den
Nachteilen dieses Aufrichtungsprozesses fertigzuwerden,
von dem meinen Sie, daß es in ein paar hunderttausend
Jahren repariert sein könnte?

Winkler: **Ich muß sagen, ich weiß es nicht. Wir können nicht in
die Zukunft schauen.**

Der Mensch und seine künstlichen Organe

Kreuzer: Wir kommen zum nächsten, ganz wichtigen Kapitel, nämlich zu jener Entwicklung, die dem Namen nach zum
Homo habilis hinführt, also zum ersten Lebewesen, das in
unserer Nomenklatur, die eine relativ willkürliche ist, den
Namen *Homo,* also *Mensch,* erhalten hat; es ist der *geschickte Mensch.* Der Homo habilis lebte nachweislich
anderthalb bis zwei Millionen Jahre vor unserer Zeit, muß
aber schon vorher gelebt haben; das können wir an den
Werkzeugen erkennen, die wir gefunden haben und die
noch weiter zurückgehen. Homo habilis — das ist der
Mensch, der Werkzeuge gebraucht, der seine Organe
künstlich komplettiert.

Winkler: **Es gibt mehrere Fundgruppen, die man, glaube ich,
auseinanderhalten muß. Der namengebende Fund
wurde in der Olduway-Schlucht von dem Vater Richard
Leakeys, Louis Leakey, gemacht; es waren nur Fragmente, aus denen man noch nicht wirklich schließen
konnte, daß es sich um einen *Homo habilis* handelte.
Assoziiert mit diesen Funden waren allerdings primitive
Geröllwerkzeuge. Nun hat Richard Leakey später am
Turkana-See — diese Funde werden auf mehr als
eine Million Jahre geschätzt — einen sensationellen
Fund gemacht, der von ihm in diese Homo-habilis-
Gruppe gestellt wurde, nämlich der berühmte Vierzehn-Siebziger. Die Zahl bezeichnet keine Straßen-
bahnlinie, sondern ist die Fundnummer im Kenia-Natio-
nalmuseum. Dieser Vierzehn-Siebziger unterscheidet
sich tatsächlich sowohl in bezug auf seine Schädelkapazität, also auf seine Gehirngröße, als auch hin-**

sichtlich seiner Morphologie von den Australopithecinen, von den höchstentwickelten „Südaffen". Er wirkt tatsächlich menschenähnlicher, und die Frage, ob er der Werkzeughersteller dieser Fundplätze am Turkana-See war, muß man, glaube ich, mit ja beantworten. Die Frage ist nur, ob nicht schon die Australopithecinen primitive Geröllwerkzeuge herstellen konnten.

Kreuzer: Ihre Endformen, die sozusagen in die Irre geführt haben, der Australopithecus robustus, der Australopithecus africanus und so weiter, kann man übergehen ...

Winkler: **Die robusten Australopithecinen sind sehr spezialisiert, und es gibt, glaube ich, keinen Forscher, der annimmt, daß sie die Hersteller von Werkzeugen waren.**

Kreuzer: Die *Großen* haben sich in die Irre entwickelt und sind verschwunden. Die *Kleinen*, die Grazilen, haben dann den Weg zum Menschen gemacht.

Winkler: **Man muß annehmen, daß die Spezies *Australopithecus afarensis,* der für die Hominiden-Evolution „geeignetste" war und daß daher von dort aus die Hominidenlinie, die Linie zum Menschen, ihren Ursprung genommen hat.**

Das Werkzeug im Stein —
wie Michelangelos Pietà

Kreuzer: Wo ist aber die Abgrenzung zu dem, was man im engeren Sinn des Wortes *Werkzeug* nennt und das Vorhandensein einer bestimmten Hirnentwicklung, vielleicht auch einer ersten Sprachentwicklung zur Voraussetzung hat? Auch Tiere, insbesondere natürlich Menschenaffen, gebrauchen Stöcke, werfen mit Gegenständen, mit einem Wort, gebrauchen Geräte, die die Funktion ihrer Extremitäten sozusagen *verlängern.* Das sind aber noch nicht *Werkzeuge* und noch nicht *Waffen.*

Winkler: **Ich glaube, man kann drei wesentliche Kriterien für das echte Werkzeugherstellen, das echte „Tool-making", wie es im Englischen heißt, unterscheiden: Das erste Kriterium ist ein gewisses Abstraktionsvermögen. Der echte Werkzeughersteller sieht in einer Gesteinsknolle**

— ich halte hier ein Geröllwerkzeug vom Turkana-See in Händen — das Endprodukt, das Werkzeug, heraus. Er verfügt also über ein gewisses Abstraktionsvermögen.

Kreuzer: Er weiß also, ehe er zuschlägt, was er bewirken will. Das haben wir ja in der Fernsehserie sehr gut gesehen. Er sieht das Werkzeug im Stein, so wie Michelangelo die Pietà im Stein sieht.

Winkler: **Es ist dieselbe Annäherung. Als zweites Kriterium ist sicher, daß es über eine Organverlängerung hinaus zum Auftreten von neuen Eigenschaften kommt, zum Beispiel Schneiden. Schneiden ist etwas, was wir mit unseren Extremitäten nicht können. Dieser Faustkeil aus Nordafrika, den ich in Händen halte, kann, was wir mit unseren Extremitäten nicht können: Er kann schneiden. Hier handelt es sich also nicht mehr um eine Organprojektion, um eine bloße Verbesserung der Funktion unserer Hände.**

Kreuzer: Da ist also eine neue Funktion, die „erfunden" worden sein muß. Es liegt nicht in der Natur der Hand oder des Fußes, daß in ihrer Verlängerung geschnitten wird.

Winkler: **Vor allem muß man den generellen Begriff „Das Schneidende" haben. Das setzt die wesentliche Leistung der Begriffsbildung, der Abstraktion voraus. Als drittes Merkmal muß man sagen, daß der echte Werkzeughersteller bereits *Werkzeuge verwendet, um Werkzeuge herzustellen.* Um also etwa dieses Steinbeil herzustellen, braucht man andere Werkzeuge; man braucht einen Hammerstein, einen Amboß und so fort.**

Kreuzer: In Ergänzung dieses dritten Kriteriums sei vielleicht noch darauf hingewiesen, daß auch hier ein gewisser Seriencharakter eine Rolle spielt, daß nicht nur ein Zufallswerkzeug improvisiert wird, um eine Banane herunterzuholen, sondern daß ein absichtsvolles Lebewesen ganz bewußt Werkzeuge *als Werkzeuge* produziert, für sich, für andere, für später, daß geradezu eine Art Manufaktur im Spiel ist.

Winkler: **Es war offensichtlich ein inneres Bild, ein Idealbild, ein Vorbild für eine standardisierte Werkzeugproduktion vorhanden. In den frühen Stadien der Werkzeugevolution hatte es die sogenannten „Ad-hoc-Werkzeuge" ge-**

geben, die schnell, irgendwie und irgendwo für einen ganz aktuellen Zweck gemacht wurden. Auch in den frühesten Phasen der echten Werkzeugevolution wurden schon bestimmte *Typen* hergestellt, das heißt, es treten immer „Ensembles" auf: Es gibt Kratzer, Schaber, Stichel — alles mögliche. Das deutet darauf hin, daß die Werkzeugherstellung überhaupt Ausdruck eines Ansteigens von Ordnung, von systematischem Handeln in diesen frühen hominiden Gruppen gewesen sein muß.

Kreuzer: Nun muß ich — die Jahrmillionenskala vor Augen — daran erinnern: Wir haben Werkzeuge aus Zeiten, deren dazugehörigen Frühmenschen wir noch nicht kennen. Der Abstand beträgt zumindest eine Million Jahre. Die Homohabilis-Funde sind anderthalb Millionen Jahre alt. Die entsprechenden Werkzeuge, zu denen eine Art Vorform des Homo habilis dazuzudenken ist, sind zweieinhalb bis drei Millionen Jahre alt.

Winkler: **Die ältesten Werkzeugfunde in Äthiopien sind etwa 2,6 Millionen Jahre alt.**

Wurzeln der Sprache vor drei Millionen Jahren?

Kreuzer: Aus den Werkzeugen geht aber hervor, daß es diese Vormenschen gegeben haben muß; der Homo habilis, oder wie immer man die Vorstufe des „geschickten Menschen" nennen will — die Namen sind ja Erfindungen —, geht an die drei oder mehr Millionen Jahre zurück. Aus all dem geht hervor: Dieser Mensch muß auf Grund seiner Geschicklichkeit oder seiner Hirnentwicklung — je nachdem, wie man die Rückkopplung sieht — eine primitive *Sprache* gehabt haben, denn die Abstraktionsmöglichkeiten sind ein *Produkt der Sprache,* eines Sich-gegenseitig-Verständigens, eines Entwerfens von theoretischen, abstrakten Vorstellungen.

Winkler: **Ich glaube, daß die Traditionsbildung, um die es sich hier offensichtlich handelt, schon in den frühesten Phasen der Hominidenevolution vorhanden war. Ein normiertes Produzieren wäre nicht möglich ohne Spra-**

che; und es ist so, daß die mentalen Voraussetzungen von Sprache und Werkzeugherstellung durchaus ähnlich sind. Es handelt sich um das Phänomen der Begriffsbildung; es handelt sich um ein starkes Abstraktionsvermögen; es handelt sich um ein Absehen von augenblicklichen Bedürfnissen, um ein Vorwegnehmen, um ein Bilden von Typen, um das Ordnen von Gegenständen nach Ähnlichkeiten. Das alles sind Voraussetzungen, die für die Sprache notwendig sind, für eine Symbolsprache, wie sie für den Menschen charakteristisch ist; andererseits sind das Fähigkeiten, die ihrerseits Sprache voraussetzen.

Kreuzer: Karl Popper legt großen Wert auf die Würdigung des Wiener Psychologen Karl Bühler, der die Dreistufigkeit der Sprachentwicklung postuliert hat: von der *Ausdruckssprache* über die *Verständigungssprache* zur *Darstellungssprache,* also zur abstrahierenden Darstellung von Tatsachen der Außenwelt durch Konstellation der sprachlichen Innenwelt, durch Sätze, die man als Theorien ins Gespräch bringen kann mit der Folge, daß man letztlich die Theorien an seiner Statt sterben lassen kann: Man kann über eine Fallgrube reden, man kann sich verständigen, vorwegnehmen, was ein Werkzeug sein soll. Kann man dieses Stadium zumindest in seinen Anfängen bereits drei Millionen Jahre vor unserer Zeit ansetzen?

Winkler: Ich glaube schon, daß dieses innere Probehandeln, wie es auch genannt wird, dieses Handeln in einem zentral repräsentierten Vorstellungsraum, absolut notwendig ist, um eine typisierte, standardisierte Werkzeugproduktion aufrechtzuerhalten.

Hirnverdoppelung:
Wann, warum, wozu?

Kreuzer: Wie verhält sich das zur Hirngröße? Man kann und muß annehmen, daß gerade die Sprachentwicklung die eigentliche Hirnexplosion bewirkt hat; durch Rückkopplung: Sprache macht Hirn, Hirn macht Sprache. Wo ist der Zündpunkt? Der wäre wieder meßbar an den Funden. Wann verdoppelt sich das Hirn? Eigentlich wesentlich später.

Winkler: Natürlich hat die Werkzeuglichkeit des Menschen eine Rolle gespielt in bezug auf die Vergrößerung des Neokortex (der neuen Hirnrinde), vor allem des Stirnhirnes. Man muß aber doch sagen, daß dieser Trend zur Vergrößerung des Neuhirnes bereits bei den frühen Australopithecinen begonnen hat, bei Lucy etwa. Das heißt, wir können nicht in jener Phase von einem außerordentlichen Anstieg der Evolutionskurve sprechen, von der wir annehmen müssen, daß in ihr die ältesten Werkzeuge hergestellt worden sind. Im Grunde haben wir nur die Ausgüsse der Schädel von fossilen Primaten zur Verfügung; und wenn wir die Kubikzentimeter, die wir als Schädelkapazität dort messen, aneinanderreihen, kommen wir eigentlich zu einem kontinuierlich ansteigenden Wert. Bei Australopithecus afarensis sind das 350 bis 500 Kubikzentimeter.

Kreuzer: Unter einem halben Liter also …

Winkler: … unter einem halben Liter, also noch in der Variationsbreite der großen Menschenaffen, der Pongiden. Beim Homo sapiens haben wir dann aber 1400 Kubikzentimeter. Natürlich ist es so, daß sich die Variationsbreiten aller dieser fossilen Arten der Hominiden überschneiden; wenn man die Variationsbreiten bedenkt, kommt man zu einer kontinuierlichen Entwicklung. Zwischen Australopithecus afarensis und Homo habilis klafft auch, wie wir wissen, eine Lücke; die kann in wenigen Jahren durch neue Funde ausgefüllt sein. Es schaut aber heute so aus, als ob es sich tatsächlich um einen kontinuierlichen Trend handelte.

Kreuzer: Offenkundig geht diese Verdoppelung der Hirnmasse und natürlich auch der inneren Komplexität des Gehirns aber einher mit der Entwicklung der Sprache. Sprache macht Hirn, Hirn macht Sprache.

Winkler: Ja, keine Frage. Sprache und Denken stehen in einer ganz engen Wechselbeziehung. Der Mensch denkt immer in einer Sprache, und man kann Sprache auch als Denken auffassen; die Sprache arrangiert das Denken, und gleichzeitig wirkt das Denken auf die Sprache zurück.

Homo sapiens:
der Mensch, der das Feuer zähmt

Kreuzer: Somit wird der Mensch das, was wir dann auch so nennen, nämlich der *Homo sapiens,* der weise Mensch, jener Mensch, der in hohem Maße über die Sprache verfügt. Da ist eine wichtige Nahtstelle zu erwähnen, nämlich die Nutzbarmachung des *Feuers.* Wo könnte man die lozieren?

Winkler: **Die ältesten gesicherten Spuren von bewußtem Feuergebrauch haben wir aus der Drachenhöhle bei Peking; diese Feuernutzung betrifft das Homo-erectus-Niveau, das ist der erste Vertreter der Gattung Homo innerhalb der Familie der Hominiden — 500 000 Jahre vor unserer Zeit.**

Kreuzer: In der Benennung, die schon recht alt ist, steckt ein kleiner, aber bedeutsamer historischer Irrtum: Man hat offenbar angenommen, daß der *Homo erectus* der *erste wirklich aufrechte Mensch* ist; tatsächlich stellt sich nun heraus, daß er ein relativ junger Mensch ist, daß vor ihm der Homo habilis und sogar schon der letzte Affen-Vorfahre, der Australopithecus afarensis, aufrecht gegangen ist. Der *Homo erectus* trägt seinen Namen also zu Unrecht. Er ist ein sehr, sehr später *Homo habilis,* der Übergang von Homo habilis, also vom *geschickten Menschen,* der die ersten Werkzeuge gemacht hat, zum *Homo sapiens,* zum Neandertaler und Nach-Neandertaler.

Winkler: **Es kommt darauf an, wohin man den *Homo habilis* stellt. Wenn man ihn in die Gattung *Homo* stellt, ist er die erste Spezies in der Gattung *Homo,* und dann ist der „erectus" ein Enkel.**

Kreuzer: Feuer also nachweislich erst innerhalb der Eiszeit?

Winkler: **Ja, vor etwa 500 000 Jahren, kann man sagen, ist es das erste Mal nachgewiesen. Meines Wissens gibt es eine Stelle am Turkana-See, von der man annimmt, daß dort eine bereits eine Million Jahre alte Feuerstelle existiert hat — im nachhinein ist es nur sehr schwer festzustellen, ob es sich um absichtliches Feuermachen gehandelt hat oder um ein Buschfeuer, das dann einen Baumstamm zum Glosen gebracht hat.**

Kreuzer: Offenkundig ist eine Grenze dadurch gesetzt, daß das Sich-Heranwagen an das Feuer, so ähnlich wie bei den ersten Bestattungsriten, etwas mit *Religion* zu tun hat, also mit ersten, ganz abstrakten, ins Mystische hinübergehenden gesellschaftlichen Vorstellungen der Menschen.

Winkler: **Das Feuer hat sicher eine faszinierende Wirkung gehabt, und es spielt im Ritus der Naturvölker, wie auch in den Riten der sogenannten Hochkulturen als reinigende Kraft eine besondere Rolle, das steht außer Zweifel.**

Homo sapiens sapiens und sein Stiefbruder, der Neandertaler

Kreuzer: Nun ist unser Thema „Der Ursprung des Menschen"; daher muß dieses „abschließende" Kapitel etwas kürzer behandelt werden, obwohl es sehr bedeutsam ist. Für unsere Gegend sehr wichtig ist der Übergang vom Neandertaler zum wirklich modernen Menschen. Das ist ein Vorgang, der uns in der Zeitgeschichte ziemlich nahe liegt, der sich jedenfalls in den letzten 100 000 Jahren, zirka um 40 000 vor Christi, abgespielt hat. Hier geht es, wenn man will, eigentlich schon um den Übergang von der *Vorgeschichte* zur *Geschichte*. Wodurch ist dieser Übergang eigentlich gekennzeichnet? Was ist eigentlich der Neandertaler, und was ist der Cro-Magnon-Mensch, der Nach-Neandertaler, der *Homo sapiens sapiens*? Warum bezeichnen wir ihn so?

Winkler: **Der Neandertaler ist in der Wissenschaftsgeschichte ganz unterschiedlich bewertet worden. Er wurde zunächst das Urbild des Troglodyten, des tölpelhaften Urmenschen, der mit einer Keule auf dem Rücken durch den Urwald stampft. Später, in jüngster Zeit, hat man erkannt, daß er eigentlich dem Homo sapiens sehr, sehr ähnlich ist, und hat ihn in unsere Art hineingenommen. Es gibt also keine eigene Art *Homo neandertalensis* mehr — die Mehrzahl der Autoren unterscheidet ihn nicht mehr von *Homo sapiens* und gibt ihm den Status einer Rasse, wenn Sie wollen, einer Subspezies. Er heißt jetzt also *Homo sapiens neandertalensis,* und nach ihm kommt der *Homo sapiens sapiens*.**

Kreuzer: So wie *Dr. Dr. Günther Nenning* ...

Winkler: So ähnlich ... Es ist so, daß innerhalb dieser Neandertaler natürlich verschiedene Typen existierten. Der
Neandertaler, von dem wir meist sprechen, ist der
westeuropäische, der klassische Neandertaler, der
eine besonders starke und urtümliche Ausprägung der
Überaugengegend gehabt hat, eine gewisse Vorschnauzigkeit, einen niedrigen flachen Schädel, der
also besonders urtümlich gewirkt hat. Dieser Neandertaler ist vor etwa 40 000 Jahren sozusagen über Nacht
verschwunden. Er wird nahezu schlagartig abgelöst
von Homo sapiens. Woher unsere Vorfahren, Homo
sapiens sapiens, kommen, ist völlig ungeklärt. Das weiß
kein Mensch. Wahrscheinlich kommen sie aus dem
Osten, aus Südrußland oder aus Südasien. Viele Autoren haben diese Ablöse des Neandertalers durch den
Homo sapiens sapiens als einen Genozid, eine
Massenausrottung durch fortschrittlichere Formen
gedeutet. Diese Deutung ist aber, wie wir heute wissen,
nicht notwendig. Schon ein geringer technischer Vorteil, der sich dann in einem geringen Fortpflanzungsvorteil äußert, kann innerhalb ganz kurzer Zeit diese
Ablöse bedingt haben. Man muß sich vor Augen halten,
daß damals in Europa, verglichen mit der heutigen
Bevölkerungszahl, nur ganz wenige Individuen gelebt
haben.

Kreuzer: Höchstens Zehntausende.

Winkler: Das ist schon viel zu viel. Man kann annehmen, daß um
etwa 40 000 vor unserer Zeit nicht mehr als zwei-
tausend bis dreitausend Neandertal-Menschen in
Europa gelebt haben.

Kreuzer: Das heißt auch, daß sie Schwierigkeiten hatten, überhaupt miteinander in Berührung zu kommen, daß sie,
wenn sie in kleinen Horden durch die Eiszeit-Wildnis
zogen, völlig isoliert waren, so daß es möglicherweise gewisse mittelgroße Verbände, Sippen oder Völkerschaften
von einigen Hundert gegeben haben mußte, die einander
bewußt suchten, um eine Zusammenkunft mit Artglei-
chen zu haben — als Voraussetzung für eine Bereicherung
des Gen-Pools.

Winkler: Man kann sich vor Augen halten: Wenn die Populationen so klein sind, genügt der geringste Selektionsvorteil, um einen Fortpflanzungsvorteil zu erzielen, der sich in einer höheren Nachkommenschaftsrate äußert. Ein kleiner Rückstand genügt, um die Neandertaler „verdunsten" zu lassen. Dazu brauchen wir keine Völkerschlacht.

Kreuzer: „Verdunsten", das läßt sich mathematisch leicht darstellen. Wir denken heute in Bevölkerungszuwächsen von einigen Prozenten. Damals ging es vermutlich um halbe Prozente oder Zehntelprozente Zuwachs; wenn eine Rasse oder eine Art von Menschen nur um einen Dezimalbruchteil eines Prozents mehr Wachstum hatte, mußte man nur ein paar hundert Generationen abwarten, und die eine Gruppe hatte die andere verdrängt. Die unterlegene Population war unter jene kritische Zahl geraten, die einander gerade noch findet, die also noch einen Gen-Pool hat. Das merken wir jetzt bei den aussterbenden Tierarten. Es genügt nicht, ein paar Dutzend Pandabären zu haben; der Gen-Pool schafft es nicht mehr.

Winkler: Man muß auch das entsprechende Territorium für die Fortpflanzung haben. Was man nicht vergessen darf, ist, daß die gewaltsame Auslöschung des Neandertalers natürlich ein sehr radikales Denkmodell ist. Es ist auch möglich, daß es zwischen diesen beiden Gruppen — dem westeuropäischen klassischen Neandertaler und dem Homo sapiens sapiens — zu einem Gen-Fluß gekommen ist. Sprich: Man hat sich miteinander vermischt.

Kreuzer: Das war biologisch möglich ...

Winkler: Natürlich, es war möglich, weil beide zur selben Art gehörten. Es muß möglich gewesen sein, daß Teile der Neandertaler-Populationen sich mit Sapiens-sapiens-Gruppen gemischt haben und daß sie so assimiliert worden sind. Ganz wird man diesen Vorgang des Rätselhaften nicht entkleiden können — es bleibt immer etwas Geheimnisvolles dabei. Die nüchternen Modelle sind aber viel plausibler als die primitive Annahme des Völkermordes.

Alle Menschen werden Brüder ...

Kreuzer: An dieser Stelle, an der es um das Verdrängen der einen Menschenart durch die andere geht, ist vielleicht die Frage zu stellen — sie wurde zum Teil in der Fernsehserie behandelt —, wie es zur Verbreitung des Menschen über den Erdball gekommen ist. Man kann sich grundsätzlich zwei Vorgangsweisen vorstellen: Aus den verschiedenen hochentwickelten Affenarten entwickeln sich an verschiedenen Stellen der Welt menschenartige Wesen, aus denen dann unsere heutigen Rassen werden; oder man kann sich vorstellen — ich glaube, das ist die herrschende Lehre —, daß die heutige Menschheit eine einzige Wurzel hat, eine einzige Wurzel, die sich irgendwann als überlegen erwiesen hat, die alle vorherigen Menschenarten von der Erde verdrängt hat, und erst nachher haben sich die heutigen Rassen aus dieser *einen Wurzel* entwickelt.

Winkler: **Das ist die *monophyletische* These, die heute zweifellos favorisiert wird. Es ist sehr unwahrscheinlich anzunehmen, daß etwa die Mongoliden, zu denen unter anderem die Chinesen und Japaner gehören, sich aus den Homo-erectus-Formen in Chou-Kou-Tien entwickelt hätten und daß wir von einer anderen Form von Homo erectus abstammen; vielmehr ist es sehr wahrscheinlich, daß es nur *eine* gemeinsame Wurzel der heute lebenden Rassen gibt, die sich aber in bezug auf den Besitz von altertümlichen Merkmalen durchaus unterschiedlich verhalten. Die Ureinwohner Australiens oder die bereits ausgerotteten Tasmanier haben, zumindest was ihre Schädelmerkmale betrifft, durchaus altertümliche, an den klassischen Neandertaler erinnernde Merkmale. Das sagt aber nichts über ihre Fortgeschrittenheit auf dem psychischen Niveau aus; sie haben — das ist eben die Folge der sogenannten Mosaik-Evolution: die Merkmale entwickeln sich verschieden schnell — einfach mehr altertümliche Merkmale. Deshalb sind sie aber nicht die Abkömmlinge einer anderen Homo-erectus-Gruppe.**

Kreuzer: *Man ist ja auch kein Untermensch, wenn man Haare auf der Brust hat.* Die verschiedenen Merkmale kommen wieder raus, aber aus einer gemeinsamen Wurzel. Alle anderen Arten sind in der schon geschilderten Art wie der Neandertaler aufgesogen, an den Rand der Entwicklung *gedrängt* und vom Erdball *verdrängt* worden.

Winkler: Ja ... Offensichtlich müssen früher auch nicht nur verschiedene Rassen zur gleichen Zeit gelebt haben, sondern auch verschiedene Arten. Heute wissen wir — das ist etwas ganz Neues, durch die neuesten Funde Belegtes —, daß der Australopithecus robustus, also die letzte und spezialisierteste Form der Australopithecinen, der Homo habilis und der Homo erectus, zur gleichen Zeit gelebt haben. Wir haben auch in unserem Stammbaum nicht mehr die Hominidenlinie in einer Linie zu zeichnen im Sinne einer gleichförmigen, einlinearen Evolution, sondern als ein Astwerk, bei dem jeweils eine Population von der anderen abzweigt: Lauter Brüder, Vettern, Onkel, verschieden erfolgreich im Überlebenskampf und daher zu verschiedenen Zeiten ausgestorben.

Fossilien um uns, Fossilien in uns

Kreuzer: Abschließend noch eine in die Wissenschaftsmethodik hineinreichende Frage. Eine Reihe jener Vermutungen, die wir anstellen, wenn wir uns ausrechnen, wie denn das mit den Vormenschen gewesen sein könnte — wir waren ja nicht dabei —, beruht auf den verschiedensten Analogien aus unserer Zeit. Dabei fällt mir auf, wie viele Vergleichsmöglichkeiten wir eigentlich haben. Wir haben erstens die besagten *Funde,* Gegenstände, Knochen, aus denen wir viel schließen können; wir haben im Vergleich zu diesen Funden *uns selbst* mit unserem Erbgut, das vor allem von der Verhaltensforschung, zum Teil sogar von der Psychoanalyse zutage gefördert wird — ich erinnere an die hochinteressante Szene in der Fernsehserie, durch die belegt wird, wie unsere Zunge und damit unser ganzer Gaumenapparat mit der Hand verbunden ist, wie die Zunge zum Vorschein kommt, wenn man eine Nadel einfädelt; das sind Spuren in uns, aus denen wir rückschließen können. Wir können insbesondere aus der *Entwicklung des menschlichen Kindes rückschließen* etwa auf die Vierbeinigkeit; wir können — und da wird es besonders problematisch — durch Vergleiche der lebenden *Men-*

schenaffenarten Schlüsse ziehen — die allerdings oft falsch sind; schließlich können wir das alles auch mit den *primitiven Kulturen,* die wir gerade noch auf diesem Erdball vorfinden, in Beziehung setzen. Wo sind hier die relevanten Vergleichsmöglichkeiten, aus denen man schließen kann? Und wo sind die Fallgruben?

Winkler: **Ich glaube, alle diese Forschungsansätze sind relevant. Die Ergebnisse dieser Forschungsansätze geben uns Denkanstöße, weisen uns auf andere Möglichkeiten der Interpretation hin. Bezüglich der fossilen Funde ist es für uns natürlich gut, wenn wir die sogenannten primitiven Völkerschaften studieren, die es zur Zeit noch auf der Erde gibt. Diese sogenannten Naturvölker sind natürlich weit davon entfernt, natürlich zu sein in dem Sinn, wie wir es meist glauben, wenn wir sie studieren. Um gleich eine Fallgrube zu erwähnen: Es gibt das Phänomen der *sekundären Primitivität*.**

Kreuzer: Der Rückentwicklung aus einer kulturell arrivierten Gesellschaft ...

Winkler: **Ja. Daher ist es problematisch, direkt von Verhältnissen etwa bei heute noch lebenden Buschmann-Gesellschaften auf die Gesellschaftsstruktur in der frühen Hominidengruppe zu schließen. Wir können auch aus der Ontogenese, aus den Kindheitsstadien unserer Intelligenzentwicklung, wie sie etwa Piaget untersucht hat, auf die phylogenetische, die stammesgeschichtliche Entstehung unseres Bewußtseins schließen ...**

Irrwege auf der Suche nach dem gemeinsamen Ursprung

Kreuzer: Also: Aus der Entwicklung des Kindes schließen wir auf die Entwicklung des Stammes. Klassisch dafür ist das Beispiel, das wir erwähnt haben: erst Vierbein, dann Zweibein, dann Dreibein; daß das kleine Kind also als Vierbeiner beginnt und sich aufrichtet, ist natürlich ein starker Hinweis, daß der Vorgang in der Menschheitsgeschichte eine Entsprechung hat.

Winkler: **Auch dabei ist Vorsicht geboten. Gerade in bezug auf den Vergleich von Ontogenese und Phylogenese muß man sehr vorsichtig sein.**

Kreuzer: Weil die Ontogenese in einem kühnen Abschneideverfahren, unter Weglassen vieler Stationen, die Phylogenese nachvollzieht. Und das Wichtigste: Die Ontogenese weiß, wohin sie will; das ist der Unterschied zur Phylogenese; die wußte nicht, wohin sie wollte.

Winkler: Ja. Was wir in der Ontogenese sehen, ist keine einfache Rekapitulation der Stammesgeschichte. Die Ausgangspositionen wurden durch die Evolution immer wieder geändert. Der Kontext ändert sich, indem der jeweilig nächste Evolutionsschritt getan wird. Das bedeutet, daß wir in unserer eigenen Lebensgeschichte nur mehr Spuren der Stammesgeschichte sehen können.

Kreuzer: Ganz problematisch dürften die Menschenaffen-Experimente sein; also etwa der Versuch, menschliche Sprache in die Affen hineinzutrainieren und die Dressurerfolge dann als Beweis zu nehmen, daß der Menschenaffe bereits spricht.

Winkler: Genauso problematisch wie letztlich die Versuche der früheren Autoren, in den Sprachen von sogenannten primitiven Kulturen eine Ursprache der Menschheit zu finden. Das ist sicher irreführend. Es ist ein sehr frappierendes und einmaliges Phänomen, wie hoch in allen Kulturen des Homo sapiens sapiens die Sprachen entwickelt sind. Es ist ein falscher Denkansatz, in den Sprachen der Naturvölker eine Ursprache finden zu wollen; genauso ist es ein falscher Ansatz, in der „Sprache" der Menschenaffen ein Urmodell unserer Sprachentwicklung zu sehen. Die Menschenaffen — Gorilla, Schimpanse und Orang-Utan — sind hochentwickelte spezialisierte Formen der Jetztzeit, wurzeln in vormenschlichen Formen der Urzeit, und es ist nicht zulässig, ihre Eigenschaften als die eines Missing link zu deuten, das dem Ramapithecus ähnlich ist.

Keine Legitimation für Kain

Kreuzer: Abschließende Frage: Es gibt zwei moralische Grundlegungen über das Wesen des Frühmenschen, die einander diametral entgegenstehen. Die eine ist die Rousseausche Idee vom edlen Wilden — wir wären erst sehr spät blutrünstig und brudermörderisch geworden, also gewissermaßen die Kainslegende auf wissenschaftlich; die andere: Der Mensch sei in der Steinzeit blutrünstig und mörderisch gewesen und hätte sich allmählich zu etwas Edlerem entwickelt, und unsere jetzigen Kriege seien Rückfälle in die alte Zeit. Was sagt die Wissenschaft dazu?

Winkler: Weder das eine noch das andere kann richtig sein. Die Theorie vom Menschen als Mörderaffen, der von seiner Anlage dazu verdammt ist, kollektive Kriege zu führen und Grausamkeiten zu begehen, geht auf Raymond Dart zurück, der auf Grund von Defekten an fossilen Tierknochen geschlossen hat, daß Australopithecus bereits Paviane gewaltsam tötete. Das ist sicher falsch. Ein populärer Sachbuchautor hat auf Grund dieser falschen Theorie das Buch *Der Mörderaffe* geschrieben, das leider viel dazu beigetragen hat, daß der Mensch als Mörderaffe gesehen wurde. Nun hat Konrad Lorenz immer wieder darauf hingewiesen, daß die zweifellos vorhandene Aggression nicht nur zerstörerisches Zugreifen ist, sondern daß „aggredere" ja auch heißt „an eine Sache herangehen", daß die Aggression also auch immer einen arterhaltenden Wert gehabt hat. Sie führt zur Ausbreitung einer Spezies durch Konkurrenz, zur Eroberung neuer Lebensräume, zur besseren Nutzung dieser vergrößerten Lebensräume, zur Ausbildung von Rangordnungen, von Hierarchien, ohne die eine Primatengruppe nicht funktionieren kann. Daneben gibt es selbstverständlich auch eine Evolution von bandstiftenden Riten. Das heißt, der Mensch ist weder ein „Mörderaffe", noch ist er nur ein „edler Wilder", der nachträglich durch die Zivilisation verdorben wird.

Kreuzer: Beide Theorien sind eigentlich völlig einseitig, nehmen den Menschen nicht als das, was er doch ist: Obwohl Alphatier, Herrentier der derzeitigen Schöpfung, doch ein hochentwickeltes Tier wie jedes andere, das ein Band mit seinem Nächsten verbindet, ein Band von besonderer Art durch die *Sprache*; ein Tier allerdings, das über ein ganz natürliches Aggressionspotential verfügt, sicherlich beim Beutemachen, sicherlich in der Abgrenzung gegenüber feindseligen anderen Tierarten, wahrscheinlich auch gegenüber bedrohlichen Exemplaren der eigenen Art.

Winkler: **Natürlich hat jede Errungenschaft in der Evolution ihren Preis. Der arterhaltende Wert, den die Aggression in der Stammesgeschichte gehabt hat, ist nicht mehr gegeben. Die Erde ist bereits vollkommen besiedelt. Es gibt keine großen Lebensräume mehr, die der Mensch erobern könnte. Und der Begriff der Hierarchie ist für uns heute nach den jüngsten historischen Erfahrungen durchaus problematisch geworden. Somit stellt sich die Frage, welche kulturellen Maßnahmen man setzen kann, um die Intensität und die Häufigkeit von aggressiven Handlungen zu vermindern.**

Kreuzer: Was also das Wichtigste zu sein scheint: Die Wissenschaft gibt keinen Hinweis, daß wir als Mörderaffen zum Brudermord verdammt sind, und gibt uns keine Entschuldigung dafür, daß wir Mörder sein dürften, weil uns die Natur eben so gemacht hat. Die Natur entbindet uns nicht davon, von unserem Hirn Gebrauch zu machen, das sie uns gegeben hat.

Winkler: **Nein, keineswegs.**

Kreuzer: Ich danke Ihnen, Herr Dozent.

Gespräch mit Rudolf Hernegger

Kreuzer: Wir haben uns vorgenommen, den Inhalt der Fernseh-
serie von Richard Leakey *Die ersten Menschen* in
Gesprächen mit Wissenschaftlern des österreichischen
Geistesraumes, die in dieser Richtung besonders befugt
sind, aufzuarbeiten. Dabei geht es um die beiden großen
Verblüffungen, die in den neuesten Forschungen stecken.
Die erste Verblüffung — Gegenstand unseres Gesprächs
mit Eike-Meinrad Winkler — ist der Umstand, daß die Entwicklung des Menschen nicht einige Hunderttausend
Jahre alt ist, sondern daß es sich um einige Millionen
Jahre handelt — ein Umstand, der durchaus nicht nur von
quantitativer Bedeutung ist, sondern wichtige anthropolo-
gische, humanbiologische Erkenntnisse bringt. Nun soll
es um den zweiten verblüffenden Umstand gehen, der
uns aus einem Teil des Lebenswerkes von Konrad Lorenz
und Karl Popper vertraut ist, nämlich um die Ich-Werdung,
also um das Entstehen dessen, was uns Menschen
eigentlich an der Evolution interessiert. In bezug auf dieses Thema — vor mir liegen vier vielbeachtete Bücher aus
Ihrer Feder — haben Sie sich einen Namen gemacht. —
Wir sollten vielleicht begründen, warum Sie trotz dieser
hohen Befugnis nicht im akademischen Bereich des wissenschaftlichen Lebens arbeiten. Sie sind das, was man
einen Privatgelehrten nennt. Das hat vielleicht einen guten
biographischen Grund. Sie haben, glaube ich, den ersten
Teil Ihres wissenschaftlichen Lebens mit anderen Themen
verbracht; Sie haben, um Goethe zu zitieren, „leider auch
Theologie" studiert.

Hernegger: **Jawohl, das war meine erste Lebenshälfte.**

Kreuzer: Wie sind Sie dann zu Ihrer späteren Thematik gekommen?

Hernegger: **Ein Theologe muß sich natürlich auch mit der Frage
des Mythos befassen; das war für mich schon immer
ein faszinierendes Thema. Vor allem im deutschen
Sprachraum, wo der Mythos als eine Wesenheit angesehen wird, hatte ich das Bedürfnis nach Unterscheidung und nach einer rationaleren Sicht des Mythos.
Auch in der Theologie hatte eine Entmythologisierung**

stattgefunden, und von da her ist es kein allzu langer Weg zu dieser Frage. In diesem Zusammenhang habe ich mich auch mit Entwicklungspsychologie und vergleichender Ethnologie befaßt, um herauszuarbeiten, daß nicht nur in der Ontogenese der Mensch eine Entwicklung vom kindlichen Denken zum Erwachsenendenken durchmacht, sondern daß auch in der Phylogenese, der Entwicklung unserer Gattung, ähnliches erfolgt; die Ontogenese ist zwar nicht einfach eine Kurzfassung der Phylogenese, immerhin kann man aus der Entwicklung des Menschen aber gewisse Rückschlüsse auf strukturelle Entwicklungen der Menschheit ziehen. Dabei war für mich vor allem Piaget kompetent.

Mensch und Menschheit in der „magischen Phase"

Kreuzer: Wenn ich das Anliegen recht verstehe, geht es darum, die Mythologie, auch die Entwicklung der Mythen, die Mythengeschichte, naturwissenschaftlich einzubinden und mit dem biologischen Werden des Menschen in Verbindung zu bringen.

Hernegger: Ja, für mich war das Ergebnis der jahrelangen Bemühungen und der Beschäftigung mit dem Mythos, daß der Mythos eben keine Wesenheit ist, wie es in einer deutschen Tradition vielfach geglaubt wird . . .

Kreuzer: Jenseits der Biologie . . .

Hernegger: . . . jenseits der Biologie — sondern daß es ein Produkt einer, wenn wir wollen, kindlichen Denkstruktur ist. Piaget hat herausgearbeitet, daß jeder Mensch eine artifizielle, eine magische Phase durchlaufen muß; auch die Menschheit mußte diese Phase durchlaufen, um allmählich zur Entwicklung des vollen Bewußtseins zu gelangen.

Kreuzer: Wobei vielleicht auch die Rückkopplung, die Wechselbeziehung zwischen Entstehung des Mythos und Entstehung des eigentlichen Menschen eine große Rolle spielt.

Hernegger: Für mich ist gerade die Entwicklung des Mythos eine Beschreibung des Prozesses der Hominisation, das heißt des Prozesses der Menschwerdung. Ich sehe in dieser Entwicklung eine fortschreitende Rationalisierung, einen Fortschritt auch der Rationalität und der Erkenntnisfähigkeit des Menschen.

Das Ich, eine Einbildung — das Ich, die unsterbliche Seele

Kreuzer: Sie gehen in der Herausarbeitung der eigentlichen hirnphysiologischen Voraussetzungen sehr weit, haben diesem Themenkreis ein eigenes Buch gewidmet: *Vom Reflex zur Selbststeuerung.* Damit kommen wir zum wissenschaftlichen Kern der Sache. Es geht, wie gesagt, um die Frage, was das Ich in diesem biologischen, entwicklungsgeschichtlichen Sinn eigentlich ist, wie es geworden ist. Ich habe hier die Bücher zweier Nobelpreisträger liegen, die sich beide durchaus gegensätzliche Gedanken über das Thema gemacht haben. Ich möchte herausarbeiten, daß Ihre Annäherung, Herr Hernegger, zwischen den beiden oder abseits der beiden liegt. Francis Crick, Nobelpreisträger für die bedeutendste Entdeckung dieses Jahrhunderts, nämlich die Entschlüsselung der DNS, macht sich in späteren Jahren Gedanken über das Thema und kommt zu dem Schluß, daß unser Ich *eine Selbsttäuschung* sei; den gewissermaßen gegenteiligen Standpunkt nimmt der Nobelpreisträger John Eccles ein — in unserem Raum besonders bekannt durch seine gedankliche Zusammenarbeit mit Karl Popper. Eccles kommt zu einem geradezu religiösen Ergebnis: Es müsse so etwas wie eine unsterbliche Seele geben, die an einer bestimmten Stelle oder Struktur unseres Gehirns, dem Liäson-Hirn, mit unserer physiologischen Hirngegebenheit in Verbindung steht.

Hernegger: Hier haben wir das Beispiel, daß Wissenschaftler, auch wenn sie Nobelpreisträger sind, wenn sie Theorien aufstellen, mitunter von ihrem Fach abrücken ...

Kreuzer: Wofür sie den Nobelpreis nicht bekommen haben ...

Hernegger: Nun, es ist nicht leicht, sich darauf zu einigen, was man unter „Ich" versteht. Man kann „Ich" als *psycho-*

logischen Begriff verstehen, man kann ihn auch *metapsychologisch* auffassen. Ich bezeichne den psychologischen Begriff als den primären Ich-Begriff, das primäre Ich-Bewußtsein; zur Unterscheidung von diesem primären Ich-Bewußtsein spreche ich von einem sekundären Ich-Begriff, und dieser sekundäre Ich-Begriff ist ein metapsychologischer Begriff in dem Sinne, daß er für die Struktur des menschlichen Handelns nötig ist und innerhalb des Systems Mensch auch ein neurophysiologisches Substrat besitzt. In meinem Buch bin ich der Frage nachgegangen, wo dieses Substrat sein könnte.

Der Steuermann im Hirnstamm

Kreuzer: Ich setze bei unseren Zusehern jetzt ein gewisses Verständnis für die Zeitskala voraus, um die es hier geht. Die Entstehung des ersteren Ich liegt inmitten der Tierentwicklung, also Hunderte Millionen Jahre tief in der Entwicklungsgeschichte; die Entstehung des zweiten Ich ist wiederum recht, recht jung, in einer Größenordnung von wenigen Millionen oder Hunderttausenden Jahren. Vielleicht aber zum Grundkern Ihrer Überlegung: Sie sehen die Ich-Entwicklung in beiden Phasen und durchgehend als eine systemtheoretische, das heißt, Sie gehen wissenschaftlich von der Kybernetik aus, von Norbert Wiener, beziehungsweise von der Systemtheorie Ludwig von Bertalanffys.

Hernegger: Für mich ist die allgemeine Systemtheorie von Bertalanffy gewissermaßen das Handwerkszeug, mit dem ich operiere, um zunächst einmal eine gewisse Objektivierung von Vorgängen vorzunehmen, die diese subjektiv-introspektive Ebene zu überwinden helfen. Was nun die Entwicklung der primären Steuerinstanz betrifft, so bin ich — wie übrigens viele andere Neurophysiologen — der Überzeugung, daß ungefähr mit dem Auftreten der Wirbeltiere ein neues System im Hirnstamm erkennbar wird, und zwar die sogenannte Formatio reticularis, das Retikuläre System — erst 1949 entdeckt und in seiner Aufgabe erkannt. Dieses Retikuläre System hat in der ersten Phase eine motorische

Koordinationsfunktion. Ich gehe nun der Entwicklung dieses Systems nach und versuche zu zeigen, wie sich das System allmählich von einem Koordinationszentrum zu einem Steuerzentrum transformiert hat.

Der „kalte" Fisch als erster Träger von Gefühlen

Kreuzer: Der Anfang des Systems ist bezeichnet durch die „Erfindung" der Fische, liegt also eine halbe Milliarde Jahre zurück.

Hernegger: Ja. Dieses System entwickelt sich ausgehend von der Entwicklung des Limbischen Systems; es vollzieht sich eine große Transformation des gesamten Antriebs, und gleichzeitig — das darzustellen war mein Anliegen — kommt es zur Emergenz, zum In-Erscheinung-Treten des *Gefühls.*

Kreuzer: Wenn man von Gefühl spricht, müssen wir — wir kommen auf diese Problematik noch zurück — davon ausgehen, daß es sich hier zwar um eine sehr relevante, sehr wohlbegründete, aber doch um eine Vermutung handelt.

Hernegger: Um eine Theorie.

Kreuzer: Was sich sozusagen in der Seele oder in der Vorseele eines Urfisches vor fünfhundert Millionen Jahren abgespielt hat, entzieht sich sicherlich unserer Beobachtung. Ihre Vermutung aber ist, daß diese Hirnfunktion unter anderem so etwas, was wir in unserem Ich als Gefühl empfinden, bereits enthalten haben mußte — eine *Färbung* von Systeminhalten also.

Hernegger: Auch wir Menschen können natürlich in bezug auf das Gefühl nur auf Grund der Introspektion, der Selbstbeobachtung, von Gefühl sprechen. Wir haben aber die Möglichkeit, dieses Gefühl, dieses subjektive Erlebnis, auch irgendwie zu objektivieren. Erstens gibt es zwischen Menschen eine Form der Kommunikation. Wir können über Gefühle sprechen, wir wissen, daß wir bei gewissen Reizen mit einer ganz bestimmt getönten Form des Erlebnisses reagieren.

Kreuzer: Trotzdem wissen wir seit Wittgenstein, daß man *fremdes Zahnweh nicht haben kann,* daß wir hier letztlich vor einem unüberwindlichen philosophischen Problem stehen.

Hernegger: Philosophisch unüberwindlich... Immerhin, aber wir können mit der Theorie, daß es ein Gefühl gibt, operieren. Wir gehen also von der Theorie aus ...

Kreuzer: ... daß einer bestimmten Hirnstruktur das Auftreten gefühlsartiger Inhalte entsprechen könnte.

Hernegger: Auch uns Menschen gegenüber können wir mit der Gefühlstheorie, müssen wir mit der Gefühlstheorie operieren, weil wir gewisse Erscheinungen eben mit der Theorie, daß es ein Gefühl gibt, besser erklären können, als wenn wir diese Theorie nicht hätten. Wir können natürlich nur auf Grund von Analogien vermuten, daß mit dem Auftreten des Limbischen Systems auch das Gefühlserlebnis in Erscheinung getreten und gleichzeitig eine Transformation des Gesamtantriebs. Das heißt, es beginnt jetzt eine Form der Umstrukturierung von den fixierten, starren Verhaltensformen auf flexiblere Anpassungen an die Umwelt. Der Organismus reagiert nicht nur auf Schlüsselreize, sondern ist in der Lage, auf komplizierte Reize zu reagieren, die nicht mehr so eindeutig sind; das hat natürlich zur Folge, daß sich die Umwelt erweitert. In diesem Umstrukturierungsprozeß hat aber das Gefühl eine wichtige Funktion, weil mit dem Gefühl, mit der emotionalen Färbung, die Bewertung von Erlebnissen beginnt, somit auch eine ganz neue Phase des Lernens. Gleichzeitig kann ein Organismus Prozesse, die er erlernt hat, wiederholen. Er kann zum Beispiel Reize, die er als angenehm empfunden hat, aufsuchen.

Kreuzer: Sie meinen, daß sonst kein Antrieb da wäre, kein Motiv, auf günstigere Lebensumstände positiv zu antworten, sich dorthin zu begeben, wo das Fressen ist, von dort wegzuschwimmen, wo gefährliche oder unangenehme Umstände vorliegen ...

Hernegger: Ja, und das ist wesentlich mehr als das ältere bloße Reflexsystem, zu dem keine Gefühle notwendig waren.

Alt-Ich, Neu-Ich

Kreuzer: Ich möchte kurz daran erinnern, warum wir Grund haben, wenn wir das Thema der Menschwerdung behandeln, die sich in den letzten Jahrhunderttausenden oder Jahrmillionen abspielt, so weit auszuholen, warum wir jetzt Hunderte Millionen Jahre in die Entwicklungsgeschichte zurückgehen. Damit komme ich zum Wesentlichen, das ich Ihren Büchern entnehme: Für mich als interessierten Laien war die längste Zeit ganz selbstverständlich, daß alles, was in der Tiefe des Gehirns sitzt, uralt ist und daher mit der Besonderheit des Menschen, jedenfalls mit seinem „Ich", nichts zu tun haben kann, sondern daß alles, was „Ich" bedeutet, in der äußersten, neuesten Hirnrinde sitzen muß. Was ich nun aus Ihrer Herleitung lerne, ist, daß Sie zwei Funktionen in einen wichtigen Zusammenhang bringen, nämlich dieses innerste Steuerungssystem, das eine fünfhundert Millionen Jahre alte Erfindung der Natur ist, mit der aller-allerneuesten, nämlich mit der Ausbildung der Hirnrinde; daß also der Kern des „Ich" tief im Inneren des Hirns sitzt und daher auch tief in der Stammesgeschichte — so wie etwa unsere für die Menschheitsentwicklung so wichtigen Hände natürlich in den Flossen vorweggenommen sind, die damals entstanden sein mögen; daß also hier ein Zusammenspiel von Uralteinrichtungen mit den allerneuesten Erfindungen der Evolution im Spiel ist.

Hernegger: **Das Auftreten des Gefühls ist für mich übrigens rätselvoller als der Prozeß der Hominisation. Vom retikulären Koordinationssystem ausgehend, versuchte ich in meiner Arbeit zu zeigen, wie aus diesem unspezifischen Antrieb im Laufe der Entwicklung allmählich der Vorläufer der Ich-Instanz entstanden ist.**

Kreuzer: Die Voraussetzung der Ich-Instanz ...

Hernegger: **Ja. Und zwar, indem sich dieses System auch anatomisch vom Hirnstamm in das Zwischenhirn, den Thalamus und später in einige Bereiche des Kortex, der Neuhirnrinde, entwickelt.**

Kreuzer: Es geht also darum, wie diese Steuerungsinstanz im Althirn mit dem eigentlichen Primaten- und späteren Menschenhirn, nämlich mit der sich ausbildenden, geradezu explodierenden Hirnrinde zusammenwirkt.

Hernegger: **Ja. Ich unterscheide natürlich sehr stark zwischen kognitiven Vorgängen und Steuerungsvorgängen** ...

Kreuzer: Steuerungsvorgänge, kybernetische Vorgänge, sind alte Erfindungen ...

Hernegger: **... und allmählich, mit der Erweiterung der Umwelt, entwickeln sich immer stärker die kognitiven Prozesse, und parallel dazu oder in Wechselwirkung dazu entwickelt sich natürlich der Kortex, die Hirnrinde** ...

Kreuzer: ... als Trägerin der kognitiven Funktion. Die Hirnrinde war ja primär in ihrer ersten Entwicklungsphase insbesondere zur Verarbeitung von Riech-, Horch- und Gesichtsreizen bestimmt — das waren die ursprünglichen großen Hirnzonen, die sich herausentwickelt haben. Nochmals: Das Ich-System hat in diesem Sinne eine ganz junge Wurzel, die mit der Hirnrindenentwicklung zu tun hat, andererseits aber eine ganz, ganz alte Wurzel. Das scheint mir in Ihrer Theorie das Allerwichtigste zu sein. Der kybernetische, der nichtkognitive Teil sitzt seit Hunderten Millionen Jahren tief im Hirnstamm — seit es Fische gibt ...

Hernegger: **Die Hirnrinde selber fällt ja keine Entscheidungen** ...

Kreuzer: Das ist aber das, was mich an Ihrer Theorie so verblüfft ...

Hernegger: **... sondern die Hirnrinde ist hauptsächlich ein Instrument der Analyse.**

Kreuzer: Entscheidungen werden also im Retikulären System getroffen — wie seit Unzeiten, nur mit einem ungemein komplexeren Instrumentarium ...

Hernegger: **Das Retikulo-Thalamo-System spielt im Verhalten des Organismus im Verlauf der Evolution eine immer stärkere Rolle.** *Aus Regelung wird Steuerung.* **Während im Regelungsprozeß der Ausgang in einer Schleife zum Eingang zurückgekoppelt ist, ist diese Rückkopplung bei der Steuerung nicht nötig, nicht unbedingt nötig.**

Kreuzer: Regelung, das ist also so etwas wie ein automatischer Pilot, der ohne Piloten landen kann, vielleicht sogar besser. Auf eine Flugzeugentführung aber kann nur ein menschlicher Pilot reagieren — das ist Steuerung.

Hernegger: Ja. Diese Steuerungsprozesse, die auf der Stufe von niederen Säugetieren sichtbar werden, sind nun aber nicht Prozesse der aktiven Selbststeuerung; auch innerhalb der Steuerungsprozesse haben wir noch eine lange Evolution vor uns, die dann zur *Steuerinstanz,* zur *Ich-Instanz* und von der Ich-Instanz zum *Ich* führt.

Schalter zwischen Schlaf und Wachen

Kreuzer: Vielleicht eine kleine Einfügung: Das Retikuläre System und die Gegend des Gehirns, die dafür ausschlaggebend ist, haben auch etwas mit der Einrichtung des Schlafes zu tun, mit dem Aktivieren und Deaktivieren des Nervensystems.

Hernegger: Ja, das ist ein erst in den letzten Jahren erforschter Mechanismus. Dabei spielt das Retikuläre System eine wichtige Rolle — immerhin weiß man, daß die neuralen Strukturen, die den Schlaf regeln, in diesem Gebiet liegen.

Kreuzer: Man kann also sagen: Mit der Entwicklung dieser komplexen Steuerung ist es einerseits notwendig geworden, den Steuermann des Systems gelegentlich ins Bett zu schicken, andererseits ist es aber vielleicht auch möglich geworden, bessere Hirn- und Systemleistungen zu erzielen, indem man den Apparat nicht vierundzwanzig Stunden am Tag betätigt, sondern aktive und weniger aktive Phasen in das System einführt.

Hernegger: Da gibt es verschiedene Theorien; die plausibelste ist die, daß Erfahrungen, die im Laufe des Tages im Wachzustand gemacht werden, im Schlaf verarbeitet werden müssen.

Wo bin *ich in mir*?

Kreuzer: Das war jetzt eine Nebenüberlegung, die aber vielleicht die Bedeutung des ganzen Systems bezeugen soll. — Ich komme noch einmal auf meine persönliche Verblüffung zurück. Wer *über sich* nachdenkt und liest, stellt sich sicherlich die Frage: Wo bin *ich* denn eigentlich *in mir?* Die naivste aller denkbaren Vermutungen wäre die, daß das Hirn so organisiert sei wie eine Monarchie, mit einem persönlichen Feldherrnhügel, mit einem Kommandanten, mit einem Wort also mit einer *Ich-Zelle,* mit einer Zelle, die alles andere dirigiert. Daß das gedanklicher Unfug ist, wissen wir schon lange. Es gibt auch, wie man aus der Gedächtnisforschung weiß, nicht so was wie die vielzitierte „Tante-Emma-Zelle", in der alle Informationen über die Tante Emma gespeichert sind wie in einem Album. Unser Gedächtnis ist sicher millionenfach komplexer, die „Tante Emma" ist sicher etwas, was in Millionen beziehungsweise Milliarden Zellen mit trillionenfacher Vernetzung festgelegt ist. So oder noch viel komplizierter muß es wohl auch mit unserem Ich sein. Meine Verblüffung dabei bezieht sich auf die Plätze. Ich hätte als lesender Laie alle Elemente des Ich ausschließlich in der Hirnrinde vermutet. Und nun sagen Sie, daß das eigentliche Ich dieses Uralt-Ich ist, tief im Hirnstamm sitzend, das von den Einrichtungen und Möglichkeiten der Hirnrinde erst allmählich Gebrauch macht, daß also das Ich ein ganz tief zusammenhängender Apparat von kybernetischen Funktionen tief im Althirn und einem kognitiven Apparat der neuen Hirnrinde ist.

Hernegger: **Die Steuerinstanz ist das retikulo-thalamo-kortikale System. Wenn ich aber frage: Wo ist der Monitor, der Bildschirm, auf dem sich das Bewußtsein widerspiegelt, würde ich natürlich sagen: Im kortikalen Bereich in der Hirnrinde. Dort sind, wie andere Gedächtnisspuren, auch die Spuren des Ich-Bildes gespeichert.**

Kreuzer: Wir kommen zur Entstehung jenes hohen, hellen Ich-Bewußtseins, das mit unserer eigenen *Identität* zu tun hat. Mir kommt da eine sehr eindrucksvolle Szene der österreichischen Wissenschaftsgeschichte in Erinnerung, nämlich eine Konfrontation zu diesem Thema zwischen Karl Popper und Konrad Lorenz im Kaminzimmer der Lorenz-Villa. Dabei ging es auch um die Problematik der Ich-Entstehung: Ist das Ich jenes helle, offensichtlich die Sprache voraussetzende und mit der Sprache in Wechselwirkung befindliche Ich, von dem Karl Popper vor allem redet und das in unserer Entwicklungsgeschichte sehr jung ist? Und gibt es nicht ein sehr viel tiefer sitzendes Ich? Das hat besonders Konrad Lorenz betont: Gibt es denn etwas Ichhafteres als einen Gockel, der auf dem Misthaufen kräht und sich offensichtlich stolz seines Harems bewußt ist? Das, was Konrad Lorenz mit dem Gockel-Ich meint, also mit der ichhaften Struktur der Wirbeltiere, ist das eine, ist die Voraussetzung des Ich, etwas kybernetisch Ichhaftes. Und am vorläufigen Ende der Evolution kommt es nun zur Entstehung des hellen Ich, des reflektierenden Ich, des Ich, das sich seiner selbst tatsächlich bewußt ist, was es vermutlich nur durch Sprache kann.

Hernegger: Ich beziehe mich in diesem Zusammenhang auf meine Vermutung, daß die Tiere Gefühle haben. — Ich spreche von einem biologischen Ich. Dieses biologische Ich, diese zentrale Steuerung, entwickelt sich. Wir sehen, daß im Laufe der Phylogenese eine Entwicklung der Steuerungsform stattfindet. Die Entwicklung der höchsten Stufe in einem Tier, die wir überhaupt untersuchen können, ist zum Beispiel die Steuerungsfunktion bei den Schimpansen oder bei den Menschenaffen. Verschiedene Versuche mit Menschenaffen, sogenannte Spiegelversuche, haben ergeben, daß Menschenaffen schon einen Keim des Ich-Körperbewußtseins haben. Das hat man folgendermaßen festgestellt: Man hat die Affen in Schlaf versetzt und ihnen einen Farbtupfen auf die Stirn gemalt. Wenn das Tier erwacht ist, hat es diesen Farbtupfen sofort gesehen. Es hat auch sonst in den Spiegel geschaut, hat seine Zähne geputzt, und es war klar, daß es sich selber im Spiegel *erkannt* hat.

Der Trumpf:
Miteinander reden können

Kreuzer: Jetzt schwenken wir in unser eigentliches Thema ein, das die Serie *Die ersten Menschen* betrifft. Dieses Stadium, das wir am Schimpansen studieren können, liegt entwicklungsgeschichtlich im Tertiär, also zehn, fünfzehn Millionen Jahre zurück; diese Entwicklungsstufe haben die höchsten Menschenaffen, die entwicklungsgeschichtlich etwa vor dem Ramapithecus anzusiedeln sind. Hinter diesem beginnt jenes vier, fünf Millionen Jahre große schwarze Loch — und danach, vor vier, fünf Millionen Jahren, haben wir bereits den aufrecht gehenden Australopithecus afarensis, die „Lucy". In der Zwischenzeit ist also vielleicht das Wichtigste mit dem Menschen passiert. „Bald" danach: Werkzeug, Feuer. Was hat nun in bezug auf unser Hauptthema, nämlich die Bildung des hellen, menschlichen Ich-Bewußtseins, stattgefunden? Vermutung von Karl Popper, vielleicht sogar Kern seiner Entwicklungstheorie: Die Entwicklung des eigentlich Menschlichen hat sich in einem Rückkopplungsprozeß, in einer Wechselwirkung von Sprache und Hirnentwicklung abgespielt, wobei man wieder streiten kann: Was sind die Vorformen der Sprache? Mit einiger Sicherheit darf aber angenommen werden: Hirn macht Sprache, Sprache macht Hirn; und das spielt sich nun offenkundig, wahrscheinlich als Folge der Aufrichtung des zweibeinigen Ganges, des Freiwerdens von Hand und Auge, in diesen Zeiträumen von vier, drei, zwei Millionen Jahren ab und hat mit dem Erfinden der ersten eigentlichen Werkzeuge zu tun, von denen man wieder annehmen muß, daß sie eine primitive, aber in dem Sinn schon prinzipiell hohe Art der menschlichen Kommunikation, des Miteinander-reden-Könnens voraussetzen.

Hernegger: **Auch ich bin der Überzeugung, daß unsere Vorfahren in der Phase, von der Sie sprechen, natürlich eine höhere Gehirnentwicklung hatten als die heutigen Menschenaffen, also auch ein wesentlich entwickelteres Ich-Bewußtsein als die heutigen Menschenaffen. Ich berufe mich dabei darauf, daß diese unsere Ahnen schon recht bald in der Lage waren, Werkzeuge nicht nur zu gebrauchen, wie es die Menschenaffen machen, sondern Werkzeuge zu erzeugen.**

Sich mit den Augen des anderen sehen

Kreuzer: Wir haben das mit Dozent Eike-Meinrad Winkler besprochen: Es geht um die eigentliche Werkzeugherstellung, die voraussetzt, daß im Hirn reflektiert wird, daß man sich etwas Zukünftiges planartig vorstellen kann. Nun ist aber die Vermutung sehr stark, daß sich das im einzelnen Hirn nicht abspielen kann, wenn nicht Verständigungsprozesse und Gruppenkonstellationen vorhanden sind.

Hernegger: **Ganz gewiß.** Von der Interaktion in der Gruppe geht die größte Schubkraft oder der selektive Druck aus. Um sich innerhalb der Gruppe so nützlich verständigen zu können, müssen unsere Ahnen eine höhere Intelligenz gehabt haben als unsere heutigen Menschenaffen. Auch ihr Gehirnvolumen war schon etwas größer, nicht viel größer, aber immerhin. Innerhalb der Gruppe war die Kommunikation entwickelter als die bei Affen, wie wir heute feststellen können. Wenn die Frage auftaucht, ob die Kommunikation in dieser frühen Phase bereits in symbolischen Zeichen stattgefunden hat, bin ich ein bißchen vorsichtig. Was für mich in dieser Phase wichtiger ist, ist, daß dieses Wesen gelernt hat, sich aus der Perspektive anderer signifikanter Gruppenmitglieder zu sehen; diesen Schritt würde ich beinahe gleichsetzen mit dem Sprung vom Tier zum Menschen.

Kreuzer: Wir bezeichnen diese Zäsur mit dem Übergang vom Begriff „Affe" zum Begriff „Mensch" mit dem Wort „Homo". Die Knochenfunde des Homo habilis gehen bis in die zweite Jahrmillion zurück; die Funde von Werkzeugen lassen schließen, daß der Homo habilis, der „geschickte Mensch", möglicherweise bis zu drei Millionen Jahre alt ist. Wichtig scheint mir, daß das Hirn sich nicht sozusagen von selber entwickelt und dann fortgeschrittenere gesellschaftliche Umstände erfunden hat, sondern daß eine Wechselwirkung eingetreten ist, daß es aus welchem Grund immer zur „Erfindung" der menschlichen Gruppe und des gruppenartigen Zusammenlebens, der Interaktion gekommen ist und daß diese wiederum die Schubkraft für die Hirnentwicklung ergeben hat. Das ist der Rückkopplungsprozeß, der zuletzt die eigentliche Hirnexplosion und den eigentlichen Weg des Homo habilis bis zum Homo sapiens bewirkt hat.

Hernegger: **Richtig, denn am Anfang beträgt das Gehirnvolumen des Homo habilis maximal achthundert Kubikzentimeter. Die Explosion des Gehirns auf das heutige Volumen von 1400 Kubikzentimeter etwa ist erst nach dem Hominisationsprozeß erfolgt.**

Kreuzer: Also *durch* diesen Prozeß.

Hernegger: **Ja, als Folge davon.**

Dezentrierung:
Ich stelle mich neben mich

Kreuzer: Wenn wir die Hirnverdopplung in diesen Zeitraum hineinverlegen, ergibt sich immer wieder die Vermutung, daß hier die Ursprünge der menschlichen Sprache zu finden sind. Ich gebe die Poppersche Theorie wieder, die eigentlich von Karl Bühler stammt, auf den Popper größten Wert legt: Nicht die Sprache selbst, meint Popper, sei damals erfunden worden, sondern jene wichtige Stufe der Sprachentwicklung, die nach der bloßen *Ausdrucksfunktion* — fast alle Tiere, ja selbst die Pflanzen, haben eine gewisse sprachliche Ausdrucksfunktion — über die *Verständigungsfunktion,* die auch bei niederen Tieren als gegeben angenommen werden kann, zur *Darstellungsfunktion* kommt. Die Sprache als eine Folge der Gruppenbildung, als eine Folge des Austausches von Signalen in der Gruppe, ergibt nun eine Abstraktionsebene. Im Gehirn kann die äußere Welt dargestellt werden, und man kann sich über die Darstellung der äußeren Welt verständigen.

Hernegger: **Diese Darstellungsfunktion im Sinne von Bühler und Popper sehe ich eben als eine Folge der *Dezentrierung* des Ich. Der Menschenaffe, die Schimpansen haben diese Fähigkeit der Dezentrierung im Sinne einer Distanzierung von sich selber noch nicht. Auch das Kleinkind bis etwa anderthalb Jahre hat sie noch nicht — sie bildet sich erst allmählich in der Interaktion heraus. In der Dezentrierung sehe ich die Voraussetzung der Ausbildung und Benützung symbolischer Zeichen, und dies wiederum ist die Voraussetzung der darstellenden Sprachfunktion. Die Darstellungsfunktion ist ja schon bei einem Satz oder zwei Sätzen gegeben.**

Kreuzer: Das heißt: Zum eigentlichen hellen, bewußten Ich kommt es über das Du, natürlich in der Wir-Gruppe. Weil ich erkennen kann, daß *du ein Ich bist,* komme ich dahinter, daß auch *ich ein Ich bin.*

Hernegger: **Ich würde in Anlehnung an amerikanische Vordenker sagen: Weil dieses Wesen dann die Fähigkeit gewinnt, aus der Perspektive des anderen sich selber zu sehen. Das Kind beginnt zu spielen: den Vater zu** spielen, die Mutter zu spielen, und allmählich internalisiert es diese Rollenvorstellungen. Diese Fähigkeit, sich mit einem Vorbild zu identifizieren, steht am Beginn der Menschwerdung.

Der Mensch wird nicht als Mensch geboren

Kreuzer: Der beste Beweis oder Hinweis, daß es so ist: Das Kind, das ohne Gesellschaft, ohne Eltern, ohne Gruppe aufwächst, also das Wolfskind — der seltene Fall, den man schwer rekonstruieren kann —, kann die Sprache in diesem Sinn nicht erwerben, und vermutlich erwirbt es auch nicht einmal den Ansatz unseres Ich-Bewußtseins, obwohl es die Grundvoraussetzungen im Hirn hätte. Also: *Ohne Du kein Ich.*

Hernegger: Es ist meine These, daß der Mensch als ein Wesen geboren wird, das der menschlichen Art angehört, selbstverständlich, das aber — was diesen Organismus als spezifisch menschlichen ausweist — erst ein Mensch werden muß; der Mensch wird nicht als Mensch geboren.

Kreuzer: Ein kleiner Hinweis noch auf die möglichen Voraussetzungen und Notwendigkeiten in der eigentlichen Hirnentwicklung, die dann die Explosion des Hirns, die Vergrößerung des Schädels zur Folge haben. In der Hirnrinde muß sich natürlich eine Voraussetzung für die *Wahrnehmung von Wahrnehmungen* entwickelt haben, also eine Metaebene der Nervensysteme, durch die ein Nervensystem imstande ist, die inneren Ergebnisse eines anderen neurologischen Systems wahrzunehmen.

Hernegger: Mit diesen Metasystemen versuche ich das Phänomen des Bewußtseins auch mir selber verständlich zu machen — es ist eine *Information über informationelle Vorgänge.*

Kreuzer: Dort ist der Kern der Darstellungsfunktion.

Hernegger: Das Zentrum, in dem die Informationen zusammenlaufen, ist dieses zentrale Steuerungssystem ...

Kreuzer: ... unter Nutzung der hochentwickelten Hirnrinde, in der sich die mehrschichtigen Metaprozesse abspielen. Ich habe Wahrnehmungen und kann über die Wahrnehmungen reflektieren — was alles gleichzeitig Sprache heißt und Sprache voraussetzt, denn ohne Sprache ist ein solcher Metavorgang, Wahrnehmung über Wahrnehmung, natürlich grundsätzlich nicht denkbar.

Hernegger: **Ich meine, daß das Denken** — natürlich nicht das hochentwickelte abstrakte Denken, wie wir es heute etwa in der Philosophie vorfinden — **auch ohne Sprache stattfinden kann. Ich glaube, daß Denkvorgänge der Sprache vorausgehen müssen; diese provozieren gewissermaßen die Entstehung der Sprache.**

Kreuzer: Hier gibt es offenbar wirklich scharfe Gegensätze in der Wissenschaft: Über die Grundfrage, ob Sprache entstehen kann, ohne daß vorher Denken im Kopf vorhanden ist, oder ob das, was wir auch nur im entferntesten Denken nennen, Sprache zur Voraussetzung hat, muß man nicht einer Meinung sein ...

Hernegger: **Sicherheiten hat weder die eine noch die andere Seite.**

Identität — Suche nach Zielsicherheit

Kreuzer: Nun zu Ihrer eigenen besonderen Auffassung dieses Vorganges. Sie hat mit der Bildung der *Identität* zu tun: Das ist Ihre eigentliche, persönliche Zugangsweise zu dem Vorgang.

Hernegger: **Ja, nachdem ich gezeigt habe, wie im Laufe der Entwicklung dieses unspezifische Antriebssystem immer stärker zentrale Steuerungsfunktionen übernimmt, bis es schließlich in den Primaten zu einer gewissen Selbststeuerung gelangt und dann im Verlaufe dieses Prozesses auch zu zweckfreien Handlungen kommt, einfach aus Lust an der Funktion, an einer Tätigkeit.**

Kreuzer: Homo ludens, der spielende Mensch ...

Hernegger: **Richtig. Im Laufe dieser Entwicklung gewinnt die Steuerinstanz also die Fähigkeit, *sich selber Ziele zu setzen*. Im Zusammenhang mit dieser Fähigkeit entwickelt sich auch ein Bedürfnis, sich Ziele zu setzen. Ein**

Wesen, das mit dieser kognitiven Ausstattung und mit dieser Fähigkeit der zentralen Steuerung keine Ziele vor sich hat, ist unsicher. Es wird, wie man es zum Beispiel bei Kleinkindern beobachten kann, von jedem Reiz angelockt, hat keine einheitliche Linie. Aus diesem Bedürfnis heraus, sich selber Ziele zu setzen, meine ich, ist auch die Entwicklung einer Identität oder das Bedürfnis nach einer Identität entstanden. Das Wort Identität sollte vielleicht kurz erklärt werden: Ich verstehe darunter eine Neuprogrammierung, das heißt eine Programmierung, die über die Sollwerte hinausreicht, die die Natur im Laufe der Entwicklung dem Organismus eingebaut hat. Dieses Bedürfnis nach einer Neuprogrammierung ergibt sich nicht auf Grund früherer Lernprozesse, sondern auf Grund einer strukturellen Labilität des Gesamtsystems. Wenn das nicht durch eine Neuprogrammierung, eine neue Ausrichtung, eine neue Orientierung abgeschlossen wird, ist dieses Wesen mit all den Kapazitäten und Fähigkeiten, von denen wir kurz gesprochen haben, innerlich unsicher. Es ist ein konfliktreiches Wesen.

Kreuzer: Es kann zu viel ...

Hernegger: Es kann zu viel, und es ist ein instabiles System. Um diesem instabilen System nun ein Gleichgewicht zu geben, muß es neue Programme, neue Ziele – ich nenne das Identität – ausbilden, da es diese Ziele sonst nirgendwo findet. Der frühe Mensch hat sie nirgendwo gefunden, hat sie seiner Umwelt entlehnt, ähnlich wie das Kind heute noch sein Verhalten vom Vater abschaut ...

Kreuzer: Wir nähern uns dem Kern unseres Hauptthemas, nämlich der Beziehung dieser Identitätsherausbildung zu den Tieren und zu den Tiergöttern. Vielleicht noch eine Klarstellung: Identität in Ihrem Sinne, das *ist nicht das Ich,* sondern *das Ich hat oder erwirbt Identität,* und zwar aus der Gruppe, aus dem Kollektiv – daher Ihr wichtiger Begriff „Kollektiv-Identität". Vorerst hört sich das an wie ein innerer Widerspruch. Wieso kommt die Identität, das Persönlichste an der Persönlichkeit, aus dem Kollektiv?

Hernegger: Wir gehen jetzt natürlich von einer etwas archaischen Gesellschaftsform aus, nicht gerade von der Gesellschaft von heute. Jedes Menschenkind wird in eine

Gesellschaft hineingeboren, findet schon eine Gruppe vor, die vor ihm da ist, und diese Gruppe hat bestimmte Vorstellungen von Moral, von Sitten, von Verhalten, von Orientierung, von Beantwortung der Frage, was passiert nach dem Tod, und so fort.

Kreuzer: Ein Wert- und Sinnsystem.

Hernegger: Ein Wert- und Sinnsystem, religiöses System, mythisches System. All das zusammen bezeichne ich als Kollektiv-Identität, weil die Gruppe sich in dieser Identität wiedererkennt, in dieser Identität auch ihre Normen findet, und diese Identität vermitteln die Eltern natürlich auch ihren Kindern. Die Ausbildung der Kollektiv-Identität erfolgt in folgenden Etappen: Zunächst identifiziert sich das Kind mit seinen Eltern. Die Eltern sind gewissermaßen das Vehikel zu der Kollektiv-Identität: Sie führen das Kind zu den eigenen Vorbildern, zu den Vorbildern der Kollektiv-Identität ...

Kreuzer: Insbesondere in der frühen Kindheitsentwicklung. Hier steckt alles drin, was die Psychoanalyse an Gedankengut aufbereitet hat ...

Hernegger: Deshalb ist, um es nur kurz zu sagen, zum Beispiel das Gottesbild, das manche Kinder ausgebildet haben, ähnlich dem Bild des Vaters.

Ein Reporter berichtet
von einer Katastrophe ohne Überlebende

Kreuzer: An dieser Stelle noch einmal eine kritische Überlegung bezüglich der Wissenschaftlichkeit dessen, was wir hier sagen. Es gibt selbstverständlich einige ganz harte, klare, naturwissenschaftliche Punkte, an denen man den Hebel ansetzen kann — etwa die wichtigen Funde, ganz eindeutige anatomische Relationen oder Verhaltensbeobachtungen in unserer heutigen Welt. Da wir uns aber doch weitgehend auch mit geistigen Elementen beschäftigt haben — das geht hin bis zur Vermutung über die Entstehung von Hirnstrukturen —, frage ich mich einmal nach der Relevanz alles dessen: Was wir da tun, und was andere auf diesem Gebiet tun, erinnert mich ein wenig an den fabelhaften Reporter, der wie Egon Erwin Kisch die wunderbarsten Reportagen im Kaffeehaus geschrieben hat, ohne sich jemals an den Tatort oder an den Kriegsschauplatz zu begeben — bis ihm dann einmal passiert ist, daß er alle Vorgänge in einem abstürzenden Flugzeug mit allen Gesprächen, die dort stattgefunden haben, detailliert geschildert und dabei übersehen hat, daß es keine Überlebenden gab. Sind wir nicht alle, die über geistige Gegebenheiten in grauer Vergangenheit nachdenken, in einer ähnlichen Situation?

Hernegger: **Ich möchte doch sagen: In unserem Fall gibt es Überlebende! Vielleicht darf ich an eine andere Wissenschaft erinnern, an die Astronomie. Die Astronomie geht heute von zwei Daten aus: von der Rotverschiebung im Spektrum und von der Hintergrundstrahlung. Von diesen zwei Daten macht sie eine Theorie über den Ursprung des Kosmos, über den Urknall und so fort. Wenn diese noch als exakte Wissenschaft angesehene Astronomie also von einem so relativ schmalen Datenbestand ausgehen kann, dann, muß ich sagen, sind wir reich gesegnet mit Daten . . .**

Kreuzer: Hier möchte ich einwenden: Für so seriös und erwiesen wird natürlich die Urknalltheorie auch nicht angesehen; nach strengsten Kriterien ist sie genauso fragwürdig wie unsere Herleitungen. Das Beispiel stimmt aber wohl: Aus zwei sehr wichtigen, aber völlig isolierten Gegebenheiten unserer derzeitigen Welt versuchen wir, so etwas wie die Zwanzig-Milliarden-Geschichte des Weltalls herzuleiten. Ähnliches tun wir jetzt im Bereich der Anthropologie. Was sind jetzt eigentlich die Daten, die wir haben? Da sind gewiß einmal die Funde, das ist klar . . .

Hernegger: **Ich würde vielleicht von den Wissenschaftszweigen ausgehen, die diese Daten sammeln. Eine Theorie ist nicht deshalb einleuchtend, weil sie von diesen oder jenen Daten ausgeht, sondern weil ein Zusammenhang zwischen Daten hergestellt wird. Die theoretische Anthropologie stützt sich neben den Ausgrabungen vor allem auf die Entwicklungspsychologie, und zwar sowohl auf die Entwicklungspsychologie der Ontogenese als auch der Phylogenese.**

Ist ein Naturvolk ein Steinzeitvolk?

Kreuzer: Mit einem Wort also: Erste Datengruppe sind die Ausgrabungen — über die brauchen wir nicht noch einmal reden; die zweite Datengruppe ergibt sich aus der Beobachtung unserer Kinder, der Embryos und Kinder, also aus der Beobachtung der Wiederholung der Phylogenese in der Ontogenese ...

Hernegger: ... **und die dritte Quelle ist die Beobachtung der Naturvölker.**

Kreuzer: Die gilt allerdings als besonders problematisch, weil wir natürlich nicht ohne weiteres vermuten können, daß der Zustand eines Naturvolkes vor hundert Jahren oder vor zwanzig Jahren, als es noch wirklich unbelassen war, tatsächlich gleichzusetzen ist mit dem Zustand von Menschengruppen in der Steinzeit oder sogar in der älteren Steinzeit; da kann man natürlich in Gedankenfallen hineintappen ...

Hernegger: ... **wenn wir allein darauf angewiesen wären. Es gibt gewisse Korrelationen, zum Beispiel zwischen Höhlenmalereien heutiger Natur-, jüngster Naturvölker und Höhlenmalereien, sagen wir aus der späten Altsteinzeit. Zeugen der Vergangenheit sind vor allem die Mythen der Völker, die eine vergleichende Mythenforschung in Verein mit der Entwicklungspsychologie zum Sprechen bringen und zu einer verläßlichen Informationsquelle über die formalen und inhaltlichen Denkstrukturen der Vergangenheit machen kann. Aus vielen Quellen gewinnt eine Theorie ihre innere Konsistenz, Glaubwürdigkeit und Plausibilität.**

Kann der Schimpanse sprechen?

Kreuzer: Die nächste, bereits erwähnte Datengruppe: vergleichende Beobachtungen bei Menschenaffen, besonders hochentwickelten Primaten. Auch ihre Fragwürdigkeit ist offenkundig. Affen-Beobachtungen und Experimente mit Affen geben uns eigentlich Aufschluß über einen Zustand in der Evolution vor zehn, fünfzehn Millionen Jahren — damals haben sich die höheren Menschenaffen abgespalten und die Entwicklung zum Menschen nicht mitgemacht. Im Grunde können wir also nur Auskünfte über diese wirklich lang zurückliegende Zeit bekommen, und Experimente, etwa die Anwendung von Sprachsystemen auf Schimpansen, wirken zwar faszinierend, sind aber doch recht fragwürdig.

Hernegger: Ja. Die Amerikaner waren zum Beispiel der Überzeugung, daß alles durch Erziehung zu bewirken sei — selbstverständlich ist man mit dieser Grundauffassung auch an Menschenaffen herangegangen. Amerikanische Forscher haben immer wieder versucht, den Menschenaffen das Sprechen beizubringen. Die vielen Versuche, die gemacht wurden, sind faszinierend, bisher konnte aber nicht überzeugend nachgewiesen werden, daß die Zeichensprache, auf die Menschenaffen reagieren, eine symbolische Sprache ist. Kritische Forscher sind zur Überzeugung gekommen, daß es sich um reine Dressurreaktionen handelt. Nun dürfen wir uns diese Dressurhandlungen nicht zu simpel vorstellen. Vom Zirkus wissen wir, was Tiere alles lernen können; sie können scheinbar auch Zahlen behalten und auf gewisse Zahlenmuster reagieren . . .

Kreuzer: Die alte Geschichte vom „Klugen Hans", vom rechnenden Pferd . . .

Hernegger: Ja. Man muß sehr vorsichtig sein, Reaktionen von Tieren in anthropomorphem Sinn zu erklären. Ich glaube, es ist bis heute kein Argument geliefert worden, das einen überzeugen könnte, daß es eine Tiersprache im menschlichen Sinn gibt. Das Hauptargument dagegen ist für mich folgendes: Warum haben die Tiere die Sprache, wenn sie dazu fähig sind, nicht entwickelt?

Kreuzer: Insofern wird die Frage ganz und gar philosophisch; es steckt die berechtigte Vermutung drin, daß ein philosophisches System von Vorurteilen angewendet wird, aus dem dann allerdings verblüffende Ergebnisse hervorzukommen scheinen. Geht man als Behaviorist an den Schimpansen heran und nimmt fälschlich an, daß der Mensch — wie Popper sagt — ein leerer Kübel ist, in den man durch Erziehung alles hineintun kann, liegt die Vermutung nahe, daß ein nicht ganz perfekter Mensch, nämlich ein Menschenaffe, durch Erziehung auch zu einem Quasi-Menschen gemacht werden kann. Es kann aber auch die umgekehrte Schlußfolgerung daraus gezogen werden: daß die kritisch gesehenen Ergebnisse der Primatenforschung den Behaviorismus eigentlich ad absurdum führen.

Hernegger: Ganz richtig. Ich meine, daß die meisten amerikanischen Forscher, die sich mit diesen Fragen beschäftigt haben, Behavioristen sind; die Behavioristen kennen praktisch nur die Form des Lernens, die im Reiz-Reaktions-Schema verläuft. Sie sind daher nicht in der Lage, eine Unterscheidung zwischen Dressur und Sprache zu treffen.

Kreuzer: Ihr Einwand, daß die Tiere, hätten sie eine Sprache, irgendwann den Durchbruch zur Benutzung der Sprache hätten finden müssen, ist zwingend. Im Grunde steckt die Fehlinterpretation, die hier festzustellen ist, darin, daß der Behaviorismus in Tieren so was wie verzauberte Prinzen und Prinzessinnen sieht, also sozusagen nach dem Modell des Märchens vom Froschkönig: Man braucht den Frosch nur an die Wand werfen, und schon steht der Prinz da. Im Grunde eigentlich ein Lehrbeispiel, wie man durch eine starke, überzeugende, aber falsche, jedenfalls bestreitbare Theorie scheinbare Ergebnisse herbeiführen kann. Das führt mich zur Frage über Ihr Verhältnis zu Claude Lévi-Strauss, dem anerkannten Forscher auf diesem Gebiet. Sie gehen davon aus, daß er einfach mit einem falschen Set von Grundannahmen des Strukturalismus an die primitiven Völker herangeht und dadurch Antworten bekommt, die eigentlich keine Ergebnisse sind.

Kritik an Lévi-Strauss

Hernegger: Nun, ich möchte zunächst einmal mit allem Nachdruck die Verdienste von Lévi-Strauss herausstellen: Zum Beispiel hat er Interaktionsformen, Inzesttabus, Heiratsvorschriften beschrieben. Wenn es aber darum geht, wieweit der Strukturalismus irgend etwas zur Klärung der Fragen beiträgt, die ich behandle, scheint mir, daß er mir nicht hilft, sondern daß er, im Gegenteil, an der Oberfläche hängenbleibt, gar nicht durchdringt zu den Fragen, die ich behandelt habe.

Kreuzer: Wenn es also um diese Grundfragen des Menschen beim Erwerb seiner Identität geht …

Hernegger: Dazu hat die Methode des Strukturalismus, scheint mir, keinen Zugang. Mein Haupteinwand ist, daß die Strukturen mehrdeutig und artifiziell sind; man weiß häufig nicht, ob es sich um Denk- oder soziale Strukturen handelt. Wenn der untersuchte Gegenstand schließlich nur durch diese künstliche Schablone gesehen wird, dann ist der Strukturalismus für mich keine fruchtbare wissenschaftliche Methode mehr. Allerdings habe auch ich nicht mehr als eine Theorie. Ich hoffe, in meinen Büchern gezeigt zu haben, daß ich mich sehr um die Sammlung von Daten bemüht habe, mich bemüht habe, von Daten auszugehen und meine Theorie dauernd mit Daten zu vergleichen und auch zu korrigieren. Ich habe im Laufe meiner Arbeit immer wieder auch meine eigene Vorstellung gewechselt und verändert, weil sie eben durch die Daten falsifiziert wurde. Insofern möchte ich eher und lieber von einer theoretischen Anthropologie sprechen, das heißt von einer Anthropologie, die Erklärungen und Hypothesen aufstellt, die überprüfbar sind.

Das bewunderte Tier wird zum mythischen „Vater"

Kreuzer: Nun zu dem, was jeden Ihrer Leser beeindrucken und verblüffen muß, nämlich die Inbeziehungsetzung der Menschwerdungsphase zu den Tieren, von denen manche schon die Jagdbeute der Vormenschen waren, andere aber auch gefährliche Raubtiere, deren Beute der Mensch werden konnte — jedenfalls aber die stärkstmöglichen Bezugsobjekte in ihrer Umgebung. Wenn ich Ihre These nun richtig verstehe, so hat der Mensch damals, als ihm die Labilität seiner zu vielen Möglichkeiten bewußt wurde, als das spätere helle Ich sozusagen in seinem Bewußtsein auftauchte und er damit noch nichts anfangen konnte, er sich eigentlich davor fürchten mußte, Tiere zu Tiergöttern gemacht, um sich an ihnen zu orientieren.

Hernegger: Ich habe mich — meine Herkunft von der Theologie und Religionswissenschaft hat mir dabei natürlich geholfen — sehr eingehend mit Ethnologie und Entwicklungspsychologie befaßt und festgestellt: Bei allen

sogenannten Primitivvölkern, das heißt bei allen Natur-
völkern auf der Stufe der Sammler und Jäger, die noch
nicht seßhaft geworden sind, die somit noch nicht die
neolithische Revolution durchgemacht haben, findet
man die gleiche Beziehung zu Leittieren. Wir hatten
noch ein paar solcher Naturvölker bis in unsere Zeit
herein, im Augenblick allerdings sterben sie aus. Zum
Glück haben Forscher im vergangenen Jahrhundert
und auch noch vor einigen Jahrzehnten diese Naturvölker und ihre Mythen aber noch erforscht und in
Büchern festgehalten. Bei allen diesen Völkern begeg-
nen wir, wenn wir ihre Mythen erforschen, der Vorstellung, daß ihre höchsten Geister in Tierform auftreten.
Diese Feststellung hat mich in der Annahme bestärkt,
daß der frühe Mensch die erste Identität nur von seiner
Umwelt übernehmen konnte. Was waren in seiner Umwelt die beeindruckenden Erscheinungen? Das waren
die Tiere. Der Mensch hatte noch kein menschliches
Selbstbewußtsein, konnte aber beobachten – der
frühe Mensch war sicher, wie wir auch bei den Primitivvölkern sehen, ein genauer Beobachter. Der frühe
Mensch konnte Tiere beobachten, die schlauer waren
als er, die besser laufen konnten als er, die andere
Fähigkeiten hatten, die er bewunderte. Und der frühe
Mensch hat sich offenbar mit einem solchen Tier, von
dem er besonderen Respekt hatte, das er besonders
bewunderte, identifiziert. Übrigens ist diese Überlegung wissenschaftsgeschichtlich nicht eine Erfindung von mir: Schon die alte Wiener Ethnologen-
schule hat vom Proto-Totemismus gesprochen und damit gemeint, daß der frühe Mensch sich mit dem Tier,
dem Totem-Tier, identifiziert hat.

Anfang der Religion,
Anfang der Wissenschaft: die Himmelstiere

Kreuzer: Darf ich den Grundgedanken herausarbeiten: Der
Mensch hatte noch nicht wissen können, wie Konrad
Lorenz sagt, daß er der Kombinationsweltmeister aller
Sportarten werden würde, der nämlich alles zusammen
am besten kann, insofern besser ist als alle Tiere zusam-

men; er mußte noch die Superleistungen der einzelnen Tiere um sich sehen, die größer, mächtiger waren, die Reißzähne hatten, die schlauer waren, die ihm also zu Recht als überlegen, teilüberlegen erschienen sind, obwohl er sie zum Teil schon zu Jagdtieren gemacht hatte. Das Wesentliche an diesem Gedanken ist — es ist interessant, daß Sie ihn aus Wien herleiten, das ist auch der Kern Ihres Buches *Der Mensch auf der Suche nach Identität* — die mythische Identifikation mit dem Tier. Jeder versteht ohne weiteres, wenn er Höhlenzeichnungen sieht und sie interpretiert bekommt, daß die Menschen zu den Tieren Beziehung hatten. Es drängen sich dabei einfache Erklärungen der Höhlenzeichnungen als Ergebnis von Beschwörungsvorgängen auf: um Macht über die Beutetiere zu bekommen oder, umgekehrt, um die Angst vor den gefährlichen Tieren, etwa vor den Höhlenbären, zu überwinden. Diese Motive versteht jeder, weil es offenkundig ist, daß der Mensch damals ein Gejagter und ein Jagender war; dieser geistig-mythische Zusammenhang, daß der Mensch im Totem-Tier *sein Ich,* sein werdendes Ich, *seine Identität* findet, scheint mir der eigentlich verblüffende und bestechende Gedanke zu sein.

Hernegger: **Diese Identifizierung dient der Entwicklung des Bewußtseins. Ich sehe nämlich neben den irrationalen Vorstellungen vom Mythos in früheren Menschen auch schon die Rationalität stark ausgeprägt; und ich glaube, daß schon der frühe Mensch das Bedürfnis hatte, sich die fremde Welt zu *erklären.* Er hatte nur einen Mechanismus der Erklärung: Er konnte das Unbekannte nur durch Bekanntes erklären — das tun wir auch heute noch. Was den frühen Menschen — das wissen wir aus allen Mythen — besonders beunruhigen mußte, was ihm aufgefallen ist, ihn intensiv beschäftigt hat, das ergab sich aus der Beobachtung der Himmelskörper, von Sonne, Mond und Sternen, besonders aber von Sonne und Mond. Der Mensch sah, wie sie kamen, sich veränderten, wie sie versanken. Der frühe Mensch versuchte also diese Gestalten, die ihm so fremd erschienen, in sein Weltbild einzubauen. So schaute er in die Sichelform des Mondes zwei Hörner hinein, vermutete also einen Stier, einen Himmelsstier — er wußte ja nicht, wieweit der Mond entfernt war. Die Sonne wurde durch** andere Tiere erklärt; vielfach kommen der Sonnenlöwe und das Pferd ins Spiel, mähnentragende Tiere. Himmelstiere, Sonnen- und Mondtiere sind sehr verschieden, je nachdem, welche Tiere in den verschiedenen Völkern oder in den verschiedenen Kulturen eine wichtige Rolle spielen.

Kreuzer: Darüber hinaus können wir annehmen, daß die Phantasie der frühen Menschen wesentlich größer, auf jeden Fall aber anders war als unsere, so daß Gedankenverbindungen möglich waren, die uns nicht mehr ohne weiteres einfallen würden.

Hernegger: **Ähnlich wie beim Kind, bei dem die Realität und die Phantasie ebenfalls noch nicht so klar geschieden sind.**

Geister, Seelen, Totenkult, Unsterblichkeit

Kreuzer: Um das noch einmal in die Zeitskala einzuordnen: Die Phase der frühesten Entstehung von Identität in bezug zu Totem-Tieren könnte schon die Zeit des Homo habilis gewesen sein, also der wirklich frühesten Menschheitsentstehung, vielleicht auch der Sprachentstehung, möglicherweise in bereits vorhandenen menschlichen Gruppen vor zwei, drei Millionen Jahren, jedenfalls vor mehr als einer Million Jahren. Das, was wir zuletzt besprochen haben, der Übergang vom Tiergott zum Himmelstier, vom Totem-Mythos zum Geisterglauben, ist ein Vorgang, der sehr viel später auftritt, der eigentlich schon in die beinahe historische Zeit, jedenfalls in die Zeit des Neandertalers und in die Zeit nach dem Neandertaler hineinreicht ...

Hernegger: **Ja, in diese Zeit. Nun kommt ein weiterer Aspekt ins Spiel, der den gesamten Entwicklungsprozeß der religiösen Vorstellung beeinflußt, nämlich die Vorstellung vom *Fortleben der Seele*.**

Kreuzer: Die Erkenntnis also, daß Menschen sterben, aus der Einsicht in die Sterblichkeit die Vermutung der Unsterblichkeit, somit der Totenkult.

Hernegger: **Die ersten Beerdigungen fallen in die Zeit des Neandertalers, das sind sechzigtausend, fünfzigtausend Jahre vor unserer Zeit.**

Kreuzer: Wir reden jetzt von Jahrzehntausenden, während wir eben noch von einer Million oder von Millionen Jahren gesprochen haben. Das heißt: Jene Urphase der Inbeziehungsetzung von Ich-Werdung und Totem-Bildung ist vielleicht Millionen Jahre alt, geht über Jahrmillionen, über viele Jahrhunderttausende, während das Zum-Himmel-Blikken und das Hinaufprojizieren der Tiere zu Himmelstieren, der Übergang zum Geisterglauben und der Totemkult eine Angelegenheit von Zehntausenden Jahren ist und somit jene Zeit betrifft, in der wir schon eindeutig vom Homo sapiens reden. Es ist der Homo sapiens, der seine Toten begräbt.

Hernegger: **Ja, das sehe ich ebenfalls so — das heißt, wenn wir auch den Neandertaler zum Homo sapiens rechnen.**

Kreuzer: Das tut man ja neuerdings; nicht zum Homo sapiens sapiens, sondern zum Homo sapiens, also Homo sapiens Neandertalensis.

Hernegger: **Das älteste Zeugnis für einen totemistischen Mythos hat Alfred Rust Ende der vierziger Jahre entdeckt. In Westdeutschland fand man an einem ausgetrockneten See einen Waldelefanten, der die doppelte Größe unserer heutigen Elefanten hat, in dem ein Speer steckte, dessen Spitze durch Feuer gehärtet war; ein paar Schichten unter diesem Elefanten wurden drei Auerochsschädel entdeckt, die an diesem ausgetrockneten Weiher abgelegt worden waren. Diese Fakten kann und muß man interpretieren: Es ist unwahrscheinlich, es wäre eine unzulässige Strapazierung des Zufalls, daß ausgerechnet drei Auerochsschädel zusammenliegen. Andere Knochen fehlten vollkommen. Für mich ist das das früheste Zeugnis, daß hier aus einem Mythos heraus, höchstwahrscheinlich aus einem Totemismus-Mythos heraus, drei Schädel am Wasser abgelegt wurden, in der magischen Vorstellung, daß ihnen die Auerochskörper nachwachsen.**

Kreuzer: Ein Gedanke, den man aus späteren Beobachtungen von primitiven Jäger-Völkern kennt.

Hernegger: **Wenn diese Erklärung zutrifft, dann hätten wir auch Grund anzunehmen, daß um die Zeit die menschliche Sprache schon sehr weit entwickelt gewesen sein mußte, denn Mythen konnten nur in einer entwickelten menschlichen Sprache tradiert werden.**

Kreuzer: Wobei wir zu berücksichtigen haben, daß zu diesen Zeiten das menschliche Gehirn bereits fast so groß war wie heute, so daß man annehmen muß, daß es Sprache schon lange davor gegeben hat. Sonst hätte die Hirnentwicklung nicht in Gang kommen können.

Hernegger: **Für die Sprache haben wir natürlich alle diese indirekten Hinweise oder Beweise, die wir vorhin besprochen haben; der Fund der Auerochsköpfe ist aber wohl ein direkter Beweis, daß es um diese Zeit einen Tiermythos gegeben hat.**

Aus Himmelstieren werden Götter

Kreuzer: Ich folge Ihrem Buch zur dritten Phase der Religions-Vorgeschichte, also von der Entstehung der Tiergötter über die allmähliche Verwandlung der Tiergötter zu Himmelstieren und zuletzt — vermutlich ein Prozeß, der sich in Jahrtausenden abspielt — zur Umwandlung der Himmelstiere und der Geister in *Götter*.

Hernegger: **Das ist ein Prozeß, den ich auf Grund religionswissenschaftlicher Daten zu rekonstruieren versucht habe. Um es kurz und nur andeutungsweise zusammenzufassen: Die Ägypter hatten die Vorstellung von der Himmelskuh, die da auf ihren vieren steht; das Gewölbe, das wir sehen, wäre also der Bauch der Himmelskuh. Ich habe mich schon immer gefragt: Wie konnte der Mensch auf solch eine komische Idee von der Himmelskuh kommen? Ich meine aber heute eben durch die Erklärung der Himmelstiere, eine solche scheinbar groteske Vorstellung ohne weiteres und ohne Ad-hoc-Konstruktion erklären zu können. Ähnlich ist es mit der Erklärung der Tiere und Halbtiere in so vielen Bereichen der Religion. Das ist lange eine Streitfrage gewesen: Was haben denn die Tiere im Mythos, im religiösen Mythos zu suchen?**

Kreuzer: In dieser Dichte!

Hernegger: **Ja, in dieser Dichte ...**

Kreuzer: ... zu einer Zeit, die innerhalb der Dimensionen, von denen wir jetzt geredet haben, eigentlich eine sehr nahe Zeit ist. Wir reden praktisch bereits von der Entstehung der menschlichen Hochkulturen, einige wenige Tausend Jahre nach jenen Jahrhunderttausenden und Jahrmillionen, die wir besprochen haben.

Hernegger: Und da sehen wir auf einmal die Gestalten der Götter und der Götterboten oder des Kultheros — eine sehr interessante Gestalt, der ich ausführlich nachgehe, weil sie für mich eine wichtige Rolle in diesem Prozeß der religiösen Entwicklung und in diesem Prozeß der Spiegelung des Menschen in seinen religiösen Vorstellungen spielt, denn für mich ist die Religion im Sinne von Feuerbach auch Anthropologie; sie ist ein Vehikel der Menschwerdung, oder sagen wir der Bewußtseinswerdung des Menschen.

Die Welt der Chimären, der Dämonen und der Teufel

Kreuzer: Es geht um einige wenige Jahrtausende, um die Achsenzeit, in der die großen Weltreligionen entstanden sind, die wirklichen Gottesreligionen. Hier werden auf einer weiteren Abstraktionsebene aus den Himmelstieren Götter geschaffen; aus den bereits halb abstrahierten Tieren wird durch volle Abstraktion dann der Gott, der über dem allen steht, zum Teil aber verquickt mit unzähligen zähen Vorstellungen, in denen die Tiere noch eine sehr große Rolle spielen.

Hernegger: Ja. In einigen Kulturen hatte der neuerschaffene Gott noch einen Tierschädel, in anderen Kulturen einen menschlichen Kopf und einen Tierkörper.

Kreuzer: Die griechische Mythologie, die auch noch unsere ist, ist voll von Dutzenden dieser Chimären: der Minotaurus, die Zentauren, die Sphinx, die Sirenen, die Nixen, unzählige Verquickungen von Tier und Mensch haben ja über diese entscheidenden Jahrtausende bei gleichzeitigem Werden der großen Religionen eine große Rolle gespielt.

Hernegger: Wir sehen zum Beispiel Götter, die Hörner tragen. Wie kommen die Stierhörner zu den Göttern? Alle diese vorerst unverständlichen Erscheinungen werden nun verständlich, wenn wir davon ausgehen, daß sich der Mensch ursprünglich mit dem Tier identifiziert hat, daß das Totem-Tier eine Vermischung mit den Himmelstie-

Minotaurus (Stiermensch)

Sirenen (Vogelmädchen)

Nixe (Fischmensch)

Zentaur (Pferdemensch)

Sphinx (Geflügelter Löwenmensch)

ren eingegangen ist und daß sich aus diesen Kulttieren Wettergötter, Himmelsgeister und zuletzt ein Himmelsgott entwickelt hat. Besonders in den mesopotamischen Mythen kann man diesen Prozeß Schritt für Schritt verfolgen.

Kreuzer: Die Zähigkeit dieser religiösen Tiervorstellungen, die sich aus Ihrer Sicht besonders plausibel erklären läßt, zeigt sich bis in die modernste Religionsgeschichte hinein, jedenfalls in der Umdrehung der Rolle der Tiere: Sie werden in den hohen Religionen zu *bösen Geistern* — bis hin zu unseren *Perchten,* die in Tirol für den Fremdenverkehr herumlaufen. Die Geschichte vom Goldenen Kalb ist schon eine relativ alte Geschichte. Die wichtigste Umformung früher Götter ist wohl unser *Teufel* mit allen seinen Formen, die er annimmt, insbesondere mit seinem Pferdefuß.

Hernegger: **Ganz richtig! Wo die Religion schon weiter entwickelt war und wo man den Zusammenhang mit dem Tier schon selber nicht mehr erklären konnte . . .**

Kreuzer: . . . und auch verdrängen mußte . . .

Hernegger: **. . . ja, verdrängen mußte. Man konnte die Tiere nicht einfach übersehen, weil sie doch im Kult da waren. So mußte man sie durch eine Art Rationalisierung in die Unterwelt verbannen, zu Teufeln machen.**

Verlust des „Wir", Verlust des „Ich"

Kreuzer: Ich möchte damit zu unserem Abschlußkapitel kommen und beziehe mich auf eine Ihrer jüngsten Publikationen: *Gesellschaft ohne Kollektiv-Identität.* Darin ist der Gedanke enthalten, den wir in der Herleitung so genau behandelt haben, nämlich wieviel die menschliche Identität doch mit dem Kollektiv zu tun hat — das hier ist ja die gesellschaftskritische Anwendung dieses Gedankengutes auf die Probleme unserer Zeit: Was wir Wertverlust nennen und vielfach diskutieren, ist in Ihrer Sicht Verlust oder Gefährdung eben jener Beziehung von Kollektiv und Identität, die in der Entstehung des Menschen als Art und des Menschen als Einzelwesen eine so große Rolle gespielt hat und spielt.

Hernegger: Die Feststellung dieses Verlustes in unserer Gegenwart war gewissermaßen der Grund, warum ich mich überhaupt so intensiv mit der Ausbildung der Identität befaßt habe. Wir leben in einer Zeit, in der man allgemein von Identitätsverlust spricht, sich erst bewußt wird, welche Funktion die Identität überhaupt hat; vorher hatte man sie, da sprach man nicht über Identität. Nun meine ich, daß sich gerade in unserer Gegenwart der Identitätsverlust zweifach auswirken kann: Erstens im Individuum und zweitens in der Gesellschaft. Ich gehe von meiner These aus, daß die Menschwerdung, der Prozeß der Hominisation, der in jedem einzelnen Menschen nachvollzogen werden muß, darin besteht, daß der Mensch eine Identität ausbildet, ein Programm, eine Orientierung und gleichzeitig eine Motivation, dieser Orientierung zu folgen; das verstehe ich unter Identität. Wir leben in einer Zeit, in der die Identität am Zerbrechen ist, in der dem Menschen von der Gesellschaft keine solche Identität mehr angeboten wird, in der alle Identitäten zerbröckeln, vorerst die religiösen Identitäten, nun auch die Identität, die uns der Fortschrittsglaube angeboten hat ...

Kreuzer: Die neue Religion des Rationalismus ...

Hernegger: ... in der also auch diese neue Religion samt der von ihr angebotenen Identität zusammenbricht. Hier muß ich einfügen, daß ein Identifizierungsvorbild natürlich gewisse Maße haben, gewisse Merkmale an sich tragen muß. Es muß groß sein, man muß zu ihm aufschauen können. Wenn ich die Bilder *durchschaue,* wenn ich religiöse Vorstellungen als von Menschen erschaffene Bilder erkenne, dann verlieren sie natürlich gerade diese Funktion. So ist es auch beim Zukunftsglauben: Wir sind dabei, das Vertrauen in den früheren Zukunftsglauben zu verlieren. Menschen aber, die ohne Identität, weil ohne Kollektiv-Identität, ohne Vorbilder, aufwachsen, müssen eine schwache Ich-Persönlichkeit haben, ein schwaches Ich aufweisen, mit verschiedenen psychischen Störungen zu kämpfen haben, instabil werden; ich sehe gewisse psychische Epidemien der Gegenwart mit dieser Entwicklung verknüpft.

Kreuzer: Rauschgift, Terrorismus, Wertverlust überhaupt ...

Hernegger: **Ja, Wertverlust nennt man das jetzt.**

Kreuzer: Der Hunger nach Wertwandel, der uns jetzt in der Politik so sehr beschäftigt …

Hernegger: **Allgemeine Unruhe also. Es gibt Menschen, die wie ein Chamäleon dauernd ihre Einstellung, ihre Normen, ihren Lebensstil wechseln, weil sie keine Ausrichtung, keine Orientierung mehr haben. Andererseits suchen sie, weil sie das Bedürfnis nach einer solchen Orientierung haben.**

Die Slum-Bande als Arche Noah der Menschlichkeit

Kreuzer: Die Frage, ob der Mensch ein Chamäleon ist, hat uns vor kurzem in einem Gespräch mit Professor Peter Hofstätter besonders intensiv beschäftigt, weil es Wissenschaftler gibt, die darin eine Tugend des Menschen, einen besonders hohen Grad seiner Freiheit sehen; im Sinne dessen, was Sie schreiben und sagen, heißt das: Der Mensch hat über Jahrmillionen seine Kollektiv-Identität entwickelt, er hat sie vor Jahrmillionen gefunden durch die Gleichsetzung mit Tiergöttern, aus denen allmählich Himmelstiere und Geister geworden sind, die übergegangen sind in abstrakte Götter, später den einzigen Gott, in die hohen Religionen. Wir haben Gott verloren, als wir die Fortschrittsreligion zur unseren machten. Jetzt sind wir im Begriff, auch diese zu verlieren. Im Sinne Ihrer Einschätzung von weichenstellenden Situationen könnte man fast sagen: Wenn der Zeitraum vor zwei, drei Millionen Jahren, in dem der Mensch durch das Kollektiv seine Identität gewonnen hat, eine „Sternstunde" der Menschheitsgeschichte war, vergleichbar nur mit ganz, ganz großen Weichenstellungen der Evolution, dann müßte man befürchten, daß der Verlust dieses Zusammenhangs tatsächlich eine ganz große Menschheitskrise bewirken könnte …

Hernegger: **Ich bin dieser Überzeugung, das will ich in meinen Schriften zum Ausdruck bringen. Und zwar möchte ich „Krise" in ihrer Ambivalenz verstehen, das heißt: Eine Krise kann uns in den Abgrund, aber auch zur Genesung führen. Ich möchte das Wort „Krise" nicht nur in** einem pessimistischen Sinne verstanden wissen. Ich meine, daß wir heute eben die Möglichkeit haben und die Aufgabe haben, uns neue Vorbilder, Leitbilder zu überlegen, mit denen wir uns identifizieren können. Es ist bezeichnend, wie die jungen Menschen — als Arche Noah gewissermaßen — in kleine, aber stark motivierende Intimgruppen flüchten, mit denen sie sich identifizieren können. Das kann leider auch die kriminelle Gruppe sein. Auch in kriminellen Gruppen bewahren sie noch Reste von Menschlichkeit, das ist ja das Paradoxe. Es ist also unsere Aufgabe, in der Gegenwart neue Identifizierungsbilder zu finden, mit denen wir uns wirklich identifizieren können. Es geht natürlich nicht, daß der Mensch vor seinen eigenen Geschöpfen auf den Knien liegt.

Kreuzer: Ja, aber die Größe des Problems — wenn wir es so herleiten — bedeutet doch, daß eine Lösung nicht so leicht zu finden sein wird. Die Diagnose ist vielfach gestellt. Ich erinnere nur an Frankl und seine These vom Sinnverlust — Ihre Diagnose ist tiefer hergeleitet und führt weiter. Woran wir also kranken, wissen wir nun allmählich, und Sie haben etwas sehr Interessantes dazu beigetragen. Die Therapie kennen wir aber nicht; wir wissen nur, von welcher Wirksamkeit sie sein müßte.

Hernegger: Die Anthropologie — so wie ich sie zu betreiben versuche — ist keine normative Wissenschaft; ich bin daher kein Prophet. Ich suche selber nach dem Sinn meines Lebens, unseres Lebens, ich glaube aber, die Richtung vermuten zu können. Diese Richtung sehe ich darin, daß immer mehr kognitive, rationale Momente in diesem Menschenbild erfaßt werden müssen, mit denen wir uns identifizieren können, und daß wir argumentativ eben das finden müssen, was wir brauchen.

Kreuzer: Wenn ich Sie richtig verstehe: Trotz oder vielleicht wegen Ihrer profunden theologischen Herleitung vermuten Sie die Lösung nicht hinter uns. Dieses Aussteigen aus der Gegenwart, dieses Zurücksteigen-Wollen in die Steinzeit wird nicht möglich sein; die Lösung muß in jedem Fall *vor uns* liegen.

Hernegger: Ja. Zurück geht es nicht mehr, das ist uns verbaut, das ist endgültig vorbei, nachdem eine gewisse Entwicklungsstufe erreicht worden ist. Wir müssen neue Wege beschreiten.

Kreuzer: Weil Sie die Arche Noah erwähnt haben: In diesem Zusammenhang hat mich eine andere Metapher sehr beeindruckt — die eines Schiffes, auf dem wir uns befinden, das nach unseren neuesten Entwicklungen deshalb vom Kompaß keinen Gebrauch mehr machen kann, *weil der Nordpol auf diesem Schiff liegt*; es geht also eigentlich darum, ein uns noch nicht bewußtes neues Magnetfeld, in dem eine Nadel wieder auf einen Pol anspricht, ein leitendes System zu finden, das wir einfach noch nicht haben.

Hernegger: **So ist es. Und dieses System muß gewisse Eigenschaften haben, die auch den Menschen, den rational denkenden Menschen, befriedigen können.**

Kreuzer: Ich danke Ihnen, Herr Hernegger.

Gespräch mit Otto Koenig

Kreuzer: Herr Professor Koenig, wenn man mit einem medial so exponierten Menschen wie mit Ihnen anläßlich eines sehr runden Geburtstages ein Gespräch führt, dann tut man wahrscheinlich gut daran, das herauszuarbeiten, was die Leute noch nicht über Sie wissen oder noch nicht genau wissen. Wir wollen biographisch beginnen, und ich möchte das mit einer ganz persönlichen Bemerkung tun: Für mich sind Sie nämlich seltsamerweise trotz Ihres runden Geburtstages nicht *der alte Koenig,* sondern *der junge Koenig,* denn ich habe die Ehre gehabt, an die zehn Jahre Redaktionskollege Ihres Vaters zu sein, der damals der *alte Koenig* war, in dieser Zeitungsredaktion, in der einer von der Großväter- oder sogar der Urgroßvätergeneration gerade noch da und ich als einer der Enkelgeneration schon da war. Ich erinnere mich sehr gern an diese Zeit. Für Sie ist diese Erinnerung vielleicht deshalb wichtig, weil ich Ihnen bestätigen kann, daß Sie kein Exempel von Konrad-Lorenz-Mimikry sind, wie man vermuten könnte. Ich kann Ihnen bestätigen, daß Sie Ihrem Vater sehr ähnlich sehen — daß dieser wiederum Konrad Lorenz dem Typus nach ähnlich sah, ist eine andere Geschichte. Ihr Vater muß für Ihr Leben von großer Bedeutung gewesen sein ...

Koenig: Von sehr großer sogar. Es tut mir eigentlich leid, daß ich ihm das nicht mehr sagen kann, denn wir waren leider in sehr viele Auseinandersetzungen verhadert. Mein Vater war ein sehr gütiger Mensch, ein wunderbarer Mensch mit einem unerhörten Wissen, mit unerhörtem Fachwissen. Er war aber äußerst streng und hat unerhört viel gefordert. Wenn ich aus der Mittelschule nach Hause kam, mußte ich eine Stunde lang mit ihm Latein pauken — erst dann ist er in die Redaktion gefahren.

Kreuzer: Er war Kulturredakteur ...

Koenig: ... und hat mir Prüfung und Schule derart verleidet, daß ich um alles Schulische seither einen Bogen mache. Obwohl ich sehr gern lerne.

Otto Koenig jun.

Otto Koenig sen., 1881–1956

Vermächtnis des Vaters:
„Eine Rede ist keine Schreibe"

Kreuzer: Das hat zur Folge gehabt, daß Sie auch den akademischen Betrieb eher gemieden haben.

Koenig: Ich habe an der Universität achtzehn Semester studiert, alle möglichen Fächer, aber ich habe jede Prüfung vermieden. Heute muß ich dennoch sagen, daß ich von meinem Vater sehr viel gelernt habe.

Kreuzer: Sie haben in einem wichtigen Aspekt einen seiner Lebensberufe fortgesetzt: Sie sind in unserem elektronischen Zeitalter ein bedeutender Volksbildner geworden — er war ein berühmter Volksbildner der klassischen Zeit. Ihr Vater hat Rhetorik unterrichtet. Von ihm stammt das herrliche Wort — er hat eine sehr tiefe Stimme gehabt: *„Eine Rede ist keine Schreibe"* — ein vielzitiertes Wort des alten Koenig.

Koenig: Ich erinnere mich an eine Schlußsituation, wenige Tage, bevor mein Vater gestorben ist. Er lag drin im Schlafzimmer im Bett, und es waren ein paar Schüler bei ihm. Ein paar standen vor der Tür, und denen habe ich über Biologie und über weiß Gott was alles doziert. Und dann höre ich, wie mein Vater sagt: „Der eine Lehrer stirbt, aber der nächste ist schon da ..."

Kreuzer: Den Lehrberuf haben Sie ja wirklich von Ihrem Vater übernommen. An dieser Stelle muß man fragen: Woher kommen diese eindeutigen und lebensbeherrschenden Neigungen? Das Fernsehpublikum kennt Sie in einer Art Pfadfinderuniform. Woher diese Neigung?

Koenig: Mein Vater lehnte jede Art von Tierhaltung ab, weil seine Mutter eine leidenschaftliche Tierhalterin war — sie hat natürlich Viecher noch und noch umgebracht, aus lauter Liebe. Deshalb sollte ich keine Tiere halten und unbedingt in die Kulturwissenschaft einsteigen. Ich habe mich aber von klein auf für Tiere interessiert, habe heimlich auf dem Dachboden weiße Mäuse gehalten, in einer Hundehütte Vögel, und so fort. Ich habe mein kulturelles Interesse — Kultur jetzt sehr global aufgefaßt — vor meinem Vater sehr zurückgedrängt, aus Opposition. Mein Vater war noch der Typ des Mittelschulabsolventen seiner Zeit, der nicht einmal die Einkaufstasche der Mutter tragen durfte: Ein angehender Akademiker durfte nichts tragen, war der manuellen Arbeit völlig abhold. Ich hingegen — wahrscheinlich aus Opposition — war geländegängig, wollte hinaus ins Freie, wollte Tiere beobachten und war sehr bald im Fahrwasser der Jugendbewegung. Ich war lange Zeit ein Führer der Roten Falken, ging aber dann zu den Pfadfindern. Mein Vater war verzweifelt, daß ich in einem Zelt draußen lag und er nicht wußte, wo ich bin; er hat immer Angst um mich gehabt, wenn ich wochenlang im Schilf des Neusiedler Sees lag. Für mich war das eine Ermutigung, meinen Weg zu gehen.

Kreuzer: Was die Neigung zur Uniform anlangt — später wird sie als Verhaltenstheorie eine wichtige Rolle spielen: Sie haben als Kind gerade noch den Weltkrieg erlebt ...

Koenig: Ich habe den Krieg erlebt — mein Vater war zuletzt Militärkommandant in Zagreb. Damals habe ich Kroatisch besser gesprochen als Deutsch. Im zusammenbrechenden Kaiserreich sind wir dann in einem Viehwaggon zurückgefahren. Überall wurde gekämpft, alles hat gebrannt, meine Eltern waren sehr unglücklich, auf dem Dach sind Soldaten gesessen, neben uns standen Pferde. Ich erinnere mich noch sehr genau an die grauen Uniformen. Als wir dann glücklich wieder in Wien waren, war meine erste Frage: „Vater, wann fahren wir wieder im Viehwaggon?"

Konrad Lorenz und die „perversen Weiber"

Kreuzer: Auch Uniformen waren nichts Abschreckendes für Sie. Sie haben schon damals Uniformen gezeichnet ...

Koenig: Ich habe mit vier Jahren meine ersten Tiere gezeichnet und dann auch gleich meine ersten Soldatenuniformen. Die Uniform ist für mich auch heute Ausdruck einer Gemeinschaft, einer Gemeinsamkeit, nicht des Zwanges. Dennoch habe nicht ich die Stationskluft am Wilhelminenberg eingeführt. Ich habe überhaupt kein Wort geredet. Ich habe nur die Gruppe aufgebaut. Und aus der Gruppe kam eines Tages — es war 1956 — der Wunsch: Machen wir uns eine gemeinsame Kluft, demonstrieren wir nach außen, daß wir zusammengehören. Da habe ich dann nicht widersprochen ...

Schüler lernen von Lorenz –
Lorenz lernt von seinen Schülern

Kreuzer: Nun zu Ihrem wissenschaftlichen Leben: Wann und wie hat es begonnen?

Koenig: Ich bin einer der ältesten lebenden Schüler von Konrad Lorenz. Ich kam auf eine sehr merkwürdige Art zu ihm. Mein Vorbild war der Tierfotograf Bengt Berg. Er hatte wunderbare Bücher herausgebracht, und seine Arbeit erschien mir als der Inbegriff des Erstrebenswerten. Ich wollte nach Afrika und wer weiß noch wohin, mitten hinein in die abenteuerliche Tierforschung. Ich ging von der Mittelschule durch und flüchtete an die Graphische Lehr- und Versuchsanstalt. Ich wollte Tierfotograf werden, ich wollte Tiergeschichten schreiben. Ein Onkel, der es sehr gut mit mir meinte, schenkte mir eines Tages eine Kurskarte für die Urania: „Konrad Lorenz: Der Weg zum richtigen Tierbuch." Heute weiß ich aus der Korrespondenz zwischen Lorenz und Heinroth, daß die sich damals gerade über die miserablen Tierbücher geärgert hatten, in denen die dümmsten Geschichten standen. So lernte ich Konrad Lorenz kennen. Lorenz wohnte in Greifenstein und ich in Klosterneuburg — so sind wir zwangsläufig gemeinsam mit der Bahn gefahren, und Lorenz hat mit mir in der Bahn weiterdiskutiert. Ich kann mich erinnern, wie er auf einer Stadtbahnstation plötzlich sagte: „Und ich habe drei perverse Weiber zu Hause ..." Die Umstehenden waren pikiert: Was ist da los? — Natürlich hatte Lorenz seine Graugänse gemeint ... Lorenz faszinierte mich so, daß ich sagte: Tiergeschichten sind sehr schön und Tierfotografien auch — aber da steckt mehr dahinter. Ich habe Lorenz dann meine Reiher-Bilder vom Neusiedler See gezeigt. So kam ich in die Wissenschaft hinein.

Kreuzer: Hier sollten wir als Stichwort vielleicht einfügen, in welchem Zustand sich die Verhaltensforschung, die Etho-

logie, damals befunden hat, als Lorenz seine ersten großen Durchbrüche erzielte ...

Koenig: **Sie hieß damals Tierpsychologie. In Deutschland
wurde die Gesellschaft für Tierpsychologie gegründet
— die Zeitschrift heißt heute noch *Zeitschrift für Tierpsychologie*. Das war schließlich naheliegend. Man
wollte eigentlich den Menschen kennenlernen, und
zum Vergleich hat man das Tier herangezogen. Der Begriff „Vergleichende Verhaltensforschung" stammt von
Lorenz. Den Begriff „Ethologie" hat Heinroth schon 1911
gebraucht. Heinroth war zweifellos derjenige, der alles
vorausgesagt hat. Nur steht bei ihm alles zwischen den
Zeilen.**

Kreuzer: Von Heinroth stammten die kreativen Vermutungen, darunter die wichtigste: Daß der Mensch sehr viel mehr Angeborenes mit sich herumträgt, als er wahrhaben will und
als damals erkannt werden konnte.

Koenig: **Das steht fast wortwörtlich in einer Arbeit von Heinroth:
Der Mensch hat mehr Angeborenes — vor allem im
sozialen Bereich —, als wir vermuten.**

Kreuzer: In den Auffassungen der damaligen Zeit — das war auch
Gegenstand eines Gesprächs mit Konrad Lorenz — steckte die irrtümliche Vermutung, viel Angeborenes könnte
wenig Menschliches bedeuten, starke Einschränkung der
menschlichen Freiheit. Daraus ergab sich die Vermutung,
daß der *leere Mensch* der eigentlich *freie* sei. Lorenz
meinte nun: Je Komplexeres angeboren ist, desto höher
ist der Freiheitsgrad des Lebewesens.

Koenig: **Seien Sie nicht böse, wenn ich zugunsten des Wilhel-
minenberges Einspruch erhebe. Lorenz hat noch immer das Rechteck aufgezeichnet mit einer Diagonale
durch: Viel Angeborenes — wenig Verstand. Auf dem
Wilhelminenberg haben wir viel mit ihm darüber disku-
tiert. Wir haben gesagt: „Konrad, das kann nicht stim-
men." Er hat immer gesagt: „Wenn der Instinkt ausfällt,
beginnt der Verstand zu funktionieren ..." Wir haben
gesagt: „Das gibt es nicht. In einem Loch kann nichts
entstehen." Das ist Wilhelminenberg-Arbeit. Konrad
Lorenz gibt freimütig zu, daß das Wilhelminenberg-
Arbeit ist. Wir haben gesagt: „Je mehr angeborene Ver-**

haltensweisen ein Lebewesen hat, desto größer muß die Kommandozentrale sein, desto mehr muß es kombinieren können und einsetzen, desto mehr muß es lernen können." Eine Armee setzt sich nur aus Kompanien zusammen. Eine Kompanie ist leicht zu kommandieren — wenn es aber Hunderte Kompanien oder gar Hunderte Regimenter gibt, brauchen Sie einen riesigen Stab mit Telegraphie, Funk und weiß Gott was alles, um das alles in Gang zu halten. Lorenz hat das vollkommen akzeptiert und in sein Denkgebäude eingebaut. Wir sind sehr stolz darauf, daß wir so etwas auf dem Wilhelminenberg entdeckt haben.

Salutieren:
Hutabnehmen ohne Hut

Kreuzer: Wobei die grundsätzliche Betonung der Fülle des Angeborenen und die experimentelle Entdeckung durch Forschung bei den Tieren aber Konrad Lorenz' eigentliches Lebenswerk war …

Koenig: Gewiß. Daraus geht hervor: *Eine* Verhaltenswelse glbt nur *eine* Möglichkeit. *Zwei* Verhaltensweisen geben schon *drei* Möglichkeiten — es geht dann doppelt plus eins weiter, so daß Sie bei vier Verhaltensweisen eine Vielzahl von Kombinationsvarianten haben können — wie am Schachbrett.

Kreuzer: Die Fülle des Angeborenen macht frei, schafft Möglichkeiten, eine Fülle von Möglichkeiten, während der Mangel an Angeborenem primitiv macht. Das ist in der Zeit vor dieser Erkenntnis mißverstanden worden: Das leere Hirn sei das freie Hirn.

Koenig: Das leere Hirn ist aber ein Loch, es ist unproduktiv. Je komplizierter ein Skelett gebaut ist, desto mehr kann ich mit Hilfe der Muskulatur tun. Wenn ich kein Ellbogengelenk habe, kann ich den Arm nicht abbiegen. Das Ellbogengelenk, zwei Knochenteile, ermöglicht mir die Freiheit des Greifens.

Kreuzer: Sie haben jetzt bereits Ihren eigenen Anteil an den Forschungen angesprochen: Im wesentlichen wird er im Begriff der Kulturethologie subsumiert — ich glaube, dieser Begriff stammt von Ihnen. In einem Vorwort für ein jetzt in Druck befindliches Buch rühmt das auch Konrad Lorenz.

Koenig: Ich bin eines Tages an Hand eines Buches aus der Tornisterbibliothek der deutschen Wehrmacht, in dem militärisches Brauchtum geschildert wurde, draufgekommen: Uniformgeschichte entwickelt sich wie Stammesgeschichte. Nun bin ich der Sache nachgegangen und habe gesehen, daß sich in der Kultur alles gesetzmäßig entwickelt. Am Anfang steht eine Funktion. Ich brauche etwas, ich löse ein Problem. Und nun habe ich das neue Objekt, einen neuen Teil an der Uniform, eine Schulterklappe oder sonst etwas — und jetzt ändert sich die Funktion. Nun habe ich zwar die Funktion nicht mehr, aber jetzt gebe ich den Uniformteil nicht mehr her — das ist so wie beim Blinddarm. Jetzt mache ich etwas Neues daraus, etwas völlig Neues.

Kreuzer: Die überholte Funktion verselbständigt sich, sucht sich einen neuen Zweck.

Koenig: Das Salutieren beim Militär zum Beispiel, das heute noch praktiziert wird, auch ohne Kopfbedeckung, stammt vom Abnehmen der Zipfelmütze. Und als man die Grenadiermütze nicht mehr abnehmen konnte, weil sie so schwer war, grüßte man nicht mehr mit Hutabnehmen, sondern mit Handanlegen. Das sind Entwicklungswege, die gesetzmäßig verlaufen. Für solche Entwicklungen habe ich den Begriff *Kulturethologie* geschaffen als eine spezielle Arbeitsrichtung der allgemeinen Vergleichenden Verhaltensforschung.

Was mache ich aus dem „Wir"

Kreuzer: Kulturverhalten hat also ähnliche Wesens- und Entwicklungsgesetze wie Naturverhalten.

Koenig: Nun, was ist Natur? Natur ist Werden und Vergehen der Lebewesen, sonst nichts. Wenn es keine Lebewesen gäbe, gäbe es keine Natur. Und es gäbe auch keine freischwebende Stammesgeschichte. Das alles sind Arbeitstermini von uns Menschen. Verankert ist alles im

Individuum. Es gibt nur Individuen, ob Sie nun Rotkehlchen nehmen, Regenwürmer oder Menschen. Es ist auch ganz Wurscht, wie viele Individuen es gibt — wenn es nur einige wenige davon gibt. Das heißt: Agieren kann nur das Individuum. Und was das Individuum macht, ist im Grunde genommen *Kultur*. Ich mache nicht Stammesgeschichte, nur werden merkwürdigerweise in mir die Stammesgeschichte und die Eigenentwicklung — also Phylogenese und Ontogenese — zu einem. Das heißt: Kultur hat eine enorme Wichtigkeit für die Stammesgeschichte.

Kreuzer: Kultur ist für Sie vorerst einmal das, was das Individuum aus seinen angeborenen Möglichkeiten als Einzelwesen macht.

Koenig: So lautet auch die Definition der Kulturethologie als Wissenschaft von den ideellen und materiellen Produkten des Menschen, von ihrer Entwicklung, ihrer ökologischen Bedingtheit und von den angeborenen Verhaltensweisen.

Ein Tier ist keine Aufziehpuppe

Kreuzer: Wenn Kulturethologie das ist, was das einzelne Lebewesen aus seiner Veranlagung macht, muß es wohl auch eine Kulturethologie der Tiere geben.

Koenig: Selbstverständlich, die gibt es. Lorenz hat von Anfang an gesagt, im Einklang mit Heinroth: Vergleichende Verhaltensforschung ist stammesgeschichtlich vergleichende Forschung. Wir wollen keine Arttrennung. Ich kann natürlich auch Humanethologie sagen — dann greife ich eine Art heraus und beschreibe ihr Verhalten, kann sie aber nicht loslösen von dem Strom der allgemeinen Entwicklung aller Lebewesen.

Kreuzer: Was ist aber die *Kultur der Graugans*? Welchen Freiraum hat sie an persönlicher Entfaltung im Rahmen ihrer genetischen Voraussetzungen?

Koenig: Jedes Lebewesen, das auf die Welt kommt, hat eine bestimmte Verhaltensausstattung. Das heißt, Sie können nicht verhindern, daß ein Menschenbaby gehen lernt, daß es eines Tages geht, daß es greift, daß es spricht —

auch wenn Sie ihm keine Sprache beibringen. Das Alles-mögliche-Tun bleibt. Das heißt: Es ist ein angeborener Verhaltenskomplex da. Sie wissen aber nicht, wo dieses Rotkehlchen, wo diese Graugans, wo dieses Menschenbaby auf die Welt kommt. Es gibt keinen vorgegebenen konkreten Raum, keine vorgegebene konkrete Landschaft. Weil sich eine Art nun aus Individuen zusammensetzt, ob Pflanzen- oder Tierindividuen, ist alles variabel. Um die Vielfalt der Gegebenheiten auszugleichen, ist mein Verstand da. Ich lerne mich anzupassen.

Kreuzer: Ein Tier ist also keine Aufziehpuppe.

Koenig: Nein. Und das, was da — auch beim Tier — herauskommt, ist die Basis der Kultur. Wir sprechen bei sogenannten primitiven Völkern — im Grunde genommen sind sie gar nicht so primitiv — auch von Fischerkultur, von Jägerkultur. Aber auch ein Kormoran hat eine Fischerkultur, weil die Fische nicht in jedem Fluß, nicht in jedem Teich, wo es Kormorane gibt, auf gleiche Weise zu fangen sind. Es gibt notwendigerweise individuelle Anpassungen oder Gruppenanpassungen an den konkreten Lebensraum. Und hier beginnt die Kultur aller Arten, die der Mensch zur Blüte gebracht hat.

Gruppenbilder von Haus aus

Kreuzer: Hier muß ich aber doch einem Mißverständnis vorbeugen: Wenn Sie so sehr betonen, daß Kultur eigentlich nur im Individuum verankert ist, daß die Kultur geradezu das ist, was das einzelne Wesen mit seiner Ausstattung macht, dann sollten wir nicht übersehen, daß es dieses als *Gesellschaftstier* macht, in bezug auf die Gesellschaft.

Koenig: Das Individuum Mensch ist ein soziales Wesen. Wir sind gruppenbildend von Haus aus. Es gibt für ein soziales Lebewesen kein furchtbareres Wort als die *Selbstverwirklichung*. Ich kann nicht allein leben, ich brauche das Gespräch, wir wollen zusammenkommen. Da ergibt sich aber die Frage: Wie kommt die Gruppe zur gleichen Kultur? Warum fressen Schimpansen, was der Leitschimpanse frißt? Es kommt natürlich vorerst durch die Nachahmung von Vorbildern zu einer Gruppenkultur. So ist es auch beim Menschen. Wenn Sie als Beispiel die Ethologen nehmen, die Verhaltensforscher, so können Sie alle nahtlos auf Lorenz zurückführen. Lorenz hat uns das freie Sprechen gelehrt, wir haben die Lorenzsche Sprechkultur weitestgehend übernommen.

Kreuzer: Kultur setzt also Gesellschaft, Gemeinschaft voraus. Andere Deutungen gehen so weit in die andere Richtung, daß Sie Kultur vorerst als eine kollektive Institution sehen, in die das Individuum eingeordnet, der es nachgeordnet, untergeordnet ist.

Koenig: Kultur ist in gewisser Weise angeboren, kann aber nur sozial tradiert werden. Ein einsam lebender Mensch, der auf einer Insel ausgesetzt wird und bis zu seinem Tod einsam bleibt, kann Bräuche, Riten entwickeln, aber niemand hat etwas davon. Die Gruppe ist ausschlaggebend für das, was wir Menschen als Kultur bezeichnen.

Kreuzer: Um das Problem so zu zitieren, wie Ludwig Wittgenstein es sieht: Es gibt keine „Privatsprache", eine Sprache also, die man nur mit sich selbst spricht — sie hätte auch nie entstehen können.

Koenig: Die Sprache entsteht nicht, um sich in breiter Front mitzuteilen; sie entsteht, damit man sich innerhalb der Gruppe verständigen und nach Möglichkeit die anderen wissen lassen kann, was man denkt. Es gibt viele gruppeninterne Sprachen, viele Geheimsprachen, die etwa in Schulklassen entstehen, eine Individualsprache aber gibt es nicht.

Kreuzer: Sprachen grenzen sich voneinander ab ...

Koenig: Ja, sie grenzen sich ab. Die ursprüngliche Funktion ist: Wir wollen uns im kleinen Kreis verständigen, der Gruppenfremde soll es *nicht* verstehen.

Der Mensch und die anderen Tiere

Kreuzer: Nun zur großen Fülle Ihrer geschriebenen, aber auch gefilmten Lebensarbeit, die wir bei unseren Fernsehern als weitgehend bekannt voraussetzen können. Darf ich nach dem gemeinsamen Nenner fragen? Von außen gesehen scheint es, daß Ihnen am Herzen liegt, in tausendfacher Fülle herauszuarbeiten, was Tier und Mensch zutiefst verbindet, also die „Du"-Beziehung zwischen Tier und Mensch. Daraus ergibt sich die Frage: Was ist am Menschen eigentlich nicht tierisch? Er ist doch ganz als Tier *veranlagt*, insbesondere in seinem Verhalten. Und wie eng sind die Relationen der beiden Kulturen: der *menschlichen Kultur* und der *tierischen Kultur*?

Koenig: Ich würde nicht *Tierkultur* sagen. Wenn man *Mensch und Tier* sagt, heißt das: *Wir* und *die anderen*. Es könnte auch heißen: Regenwurm und Tiere, dann wäre der Mensch in der Gruppe der Tiere subsumiert. *Wir* und *die anderen* — das ist genauso, als wenn ich sage: Ich und das Volk — natürlich bin ich ein Teil des Volkes, aber mit dem „Ich" hebe ich mich ungebührlich hervor.

Kreuzer: Also: *der Mensch und die anderen Tiere.*

Koenig: Ja, wir Menschen *und die anderen Tiere,* das ist eine richtige Formulierung. Der Mensch ist aber natürlich die Orchideenblüte des Ganzen; er ist an der Entwicklungsspitze, er ist das leistungsfähigste Lebewesen, das uns deswegen um so leistungsfähiger erscheint, weil die Übergänge verlorengegangen sind. Es gibt keinen Australopithecus mehr, dazwischen liegen Jahrmillionen. Wir sehen den Menschen isoliert. Stammesgeschichtlich ist die Beziehung natürlich da. Ich habe das Tier aber ganz im Sinne von Lorenz und Heinroth begriffen als *das einfachere Modell*. Ich habe an der Graphischen Lehr- und Versuchsanstalt Fotografie gelernt, und das erste, was wir gekriegt haben, war eine Lochkamera. Einen ganz einfachen Apparat, nicht gleich eine hochwertige, moderne Kleinbildkamera. Genauso ist es hier: Sie können an der modernen, hochwertigen Konstruktion des Menschen die Gesetzmäßigkeiten nicht so leicht erforschen wie an der einfacheren Konstruktion des Tieres. Sie lernen sehen, worauf kommt es an? — Aha, auf die Einpassung in die Landschaft! Daraus kann der Mensch etwas machen, da ist der Mensch einsame Spitze.

Tierkind, Menschenkind, Kind

Kreuzer: Ich will Sie nicht veranlassen, die Inhalte Ihrer vielen Publikationen nachzuerzählen, um aber exemplarisch darauf
Bezug zu nehmen: Sie wollen mit Ihrer Forschung volks-
bildnerische Arbeit leisten. Eines Ihrer Lieblingsthemen ist
— wie gesagt — die Beziehung zur Uniform und zum Tier —
wir haben die Motive schon angeführt; oder die Beziehung der Werbung zur Tierwelt; oder die Beziehung der
Tierkinder zu den Menschenkindern …

Koenig: Ich habe bei Frau Professor Klimpfinger Kinderpsychologie studiert. Sie folgte ganz und gar den Spuren von
Konrad Lorenz. Bei ihr hat man Kinderpsychologie gelernt, die wirklich biologisch war. Meine erste einschlä-
gige Arbeit war *Kinderpsychologie bei den Reihern*;
diese Arbeit war ein großer Erfolg bei der Vogelfor-
scher-Tagung in Freiburg. Dann habe ich mich weiter-
gehangelt. Wir haben es auf dem Wilhelminenberg nie
so gemacht, wie es in Seewiesen üblich war: Wir nehmen eine Tiergruppe durch, etwa alle Enten. Das ist
zwar stammesgeschichtlich überaus wichtig, um zu
sehen: Wie sind die denn verwandt? Wir haben aber
etwas ganz anderes erforscht: Wir haben extrem verschiedene Tierformen genommen, meinetwegen Anti-
lopen, Seeanemonen und Kolibris, um zu sehen: Wie
funktioniert die ökologische Anpassung? Das war es,
was uns interessiert hat. Und die ökologische Anpassung finden Sie bei ganz verschiedenen Tierarten und
natürlich auch bei jedem Kleidungsstück, im besonderen Maße bei Uniformen.

Auto und Mensch im Stau —
Pflanzenfresser mit Jägerhirn

Kreuzer: Um ein anderes Exempel anzusprechen, das vielleicht in
dieser Beziehung sehr aussagekräftig ist. Eine Ihrer Arbeiten bezieht sich auf die Triebstauung auf der Autobahn:
Der Mensch wird im Stau zum Vieh.

Koenig: Der Mensch ist Jäger. Wir haben Zehntausende Generationen seit der Steinzeit hinter uns — reine Jagdzeit —,

nur ein paar Hundert Generationen Jungsteinzeit, Bronzezeit und so weiter; auf die moderne Technik entfallen vier oder fünf Generationen. Das kann sich genetisch nicht auswirken. Wir sind sozusagen der Steinzeitjäger, der aber nicht den Faustkeil in der Hand hat, sondern, leider Gottes, die Atombombe. Und Autofahren ist Jagen. Das Wort „Jagen" haben Sie im Wort „Yacht" wieder, dem schnellen Schiff. Der Mensch will *jagen,* der hält es nicht aus, daß wer vor ihm fährt. Er will ihn überholen, er will ihn fangen, er will ihn an der Kehle packen. Die meisten Unfälle sind eigentlich Jagdunfälle; jedes Überholmanöver ist ein Jagderlebnis. Infolgedessen ist der Verkehrsstau natürlich etwas Furchtbares: Der Jäger wird angehalten, er darf nicht jagen, er muß stehen; das ist für ihn verheerend. — Man kann es auch so sehen: Das Auto ist ein Pflanzenfresser. Es frißt, es säuft sein Quantum Benzin — und bewegt sich in Herden fort. Und nun setzen wir einen Menschen als Jäger hinein. Das heißt: Ein Pflanzenfresser mit einem Jägerhirn — das kann nicht gutgehen.

Weltanschauungshypnose am Lagerfeuer

Kreuzer: Kehren wir, da eben die tiefen Schichten des Menschen angesprochen werden, zu dem Aspekt „Werbung" zurück. Das ist eines Ihrer liebsten Themen.

Koenig: Die Werbemanager sind diejenigen, die Verhaltensforschung am Klavier herunterspielen können, ohne zu wissen, worum es geht. Und der Mensch reagiert brav. In den Supermärkten, wo die verlockenden Objekte in bestimmten Formen, in bestimmter Höhe hingestellt werden, greift man prompt hin. Die Werbung ist eine ganz große Gefahr. Ich habe sehr viel über Werbung gearbeitet.

Kreuzer: Das bedeutendste Genie auf diesem Gebiet ist ein Österreicher, Ernest Dichter, der mit seiner subtilen Kenntnis der Wiener psychologischen Schulen die Anwendung insbesondere der Sexualwissenschaft in Amerika eingeführt hat ...

Koenig: Wenn man den Menschen kennt, wenn man dieses besondere Tier kennt, wenn man weiß, wie es reagiert, dann kann man wirklich auf ihm Klavierspielen ...

Kreuzer: An die Werbung schließt unmittelbar die Propaganda an, bei der dasselbe Repertoire ins Spiel kommt.

Koenig: Wenn Sie Hitlers *Mein Kampf* lesen, wissen Sie mehr darüber. Da stehen phantastische Sachen drin, die ich auf Grund meiner Erlebnisse in der Jugendbewegung bewerten kann: Wenn Sie mit jungen Buben etwas Anstrengendes machen wollen, dann machen Sie es um zehn oder elf Uhr vormittags. Da können sie etwa hinausgehen und wandern. Wenn Sie den Buben etwas einreden wollen, machen Sie es am Abend, bei Dämmerlicht, beim Lagerfeuer. Der Mensch ist geborenes Tagtier, die höchste Aktivität ist natürlich am Vormittag nach dem Aufwachen zu registrieren. Zu Mittag ist eine Müdigkeitssenke, und dann kommt noch einmal eine Aktivitätsspitze. Das Tagtier Mensch fürchtet aber die Finsternis und neigt dazu, sich im Dunkeln zurückzuziehen, gemeinsam in die sichere Höhle. Das ist der Moment, wo Sie die Leute psychisch beeinflussen können. Das schreibt Adolf Hitler haargenau, ohne eine Ahnung von Verhaltensforschung zu haben. Noch viele andere Rezepte stehen so exakt drin, daß man sagen möchte: Der hat bei uns gelesen, wie man es macht. Er hat es aber nicht, er hat es intuitiv aufgenommen. Und das hat ja den Erfolg des Nationalsozialismus ausgemacht, daß er wirklich Fallen stellen konnte, in die die Menschen hineingeplumpst sind.

Der Mensch, das sprechende Tier

Kreuzer: An dieser Stelle die Frage nach der Absicht Ihrer Bücher, Ihrer Schriften, Ihrer Fernsehsendungen: Sie zeigen die Parallele Mensch—Tier auf, die Verwandtschaft, das Du zwischen Mensch und Tier. Wollen Sie nur einen Aha-Effekt erzielen, oder wollen Sie auch auf die Problematik dieser Beziehung aufmerksam machen? Aus Ihren Arbeiten sind zwei denkbare Botschaften herauszulesen. Einerseits die Botschaft: Wisse, wie sehr du mit den anderen Lebewesen und Tieren verbunden bist, daß du ein Teil der

Natur bist, daß in dir dasselbe lebt, das auch in einem anderen Lebewesen lebt. Dann aber auch das warnende Motiv: Wisse, was in dir schlummert, an dir nicht Bekanntem, an Gefährlichem, an Tierischem, an Unheimlichem. — Ich möchte hier eine kritische Frage anschließen: Wenn man die Übereinstimmung von Tier und Mensch deutlich betont, könnte doch etwas übersehen werden, was andere bedeutende Forscher deutlich hervorheben: den markanten Unterschied zwischen *den anderen Tieren* und *dem Menschen als besonderem Tier,* nämlich dem Menschen *als sprechendem Tier.* Die Sprache ist natürlich eine Institution, die, wie alle anderen Funktionen, genetisch bedingt sein muß, die aus dem Tierreich herzuleiten sein muß. Hier ist aber doch ein großer Hiatus, ein Abgrund, hier ist doch eine Zäsur, von der zu vermuten ist, daß sie bedeutsamer ist als irgendein Sprung in der Entwicklung der Evolution.

Koenig: **Sie haben gesagt: „wie andere bedeutende Forscher". Es sind sehr viele Forscher, die nur den Unterschied klarmachen wollen — infolgedessen bedarf es einiger weniger, die auch die Übereinstimmung herausholen, so daß das Bild in die Waage kommt.**

Kreuzer: Der Unterschied in der Diskussion bezieht sich besonders auf das Ich-Bewußtsein. Ich habe eine Passage aus dem Gespräch Popper–Lorenz in markanter Erinnerung. Beide sind sich natürlich wie alle Wissenschaftler einig, daß alle Tiere so etwas wie ein Ich haben — Konrad Lorenz nennt es das „Gockel-Ich", ein Ich, das erkennbar ist, wenn der Gockel auf dem Mist kräht. Es gibt aber noch das andere Ich, dieses Ich, das die Sprache voraussetzt, das die *gemeinsame Sprache* voraussetzt, wie zum Beispiel Popper meint, das also erst durch die Kenntnis der Sprache, *durch das Wort „ich",* das sich *von mir* absetzt, ein *reflektierendes Ich* wird. Liegt da nicht die Scheidelinie zwischen denen, die betonen, wie sehr Mensch und Tier Lebewesen sind, und denen, die betonen, wie verschieden Mensch und Tier sind?

Koenig: **Ja, man kann es so ausdrücken. Es gibt aber eine verbindende Sprache, die angeboren ist. Wenn Sie sagen: „Mein lieber Freund", haben Sie noch gar nichts gesagt. Wenn Sie sagen: „Mein lieber *Freund*" oder „Mein *lieber* Freund", so sind das völlig konträre Aussagen. Es** kommt darauf an, in welchem Ton Sie das sagen. Ich habe sehr viele Jungtiere aufgezogen von klein auf. Ich hatte kleine Küken, mit denen konnte ich von Anfang an „sprechen". Ich kann die Artlaute nur imitieren, und das schlecht. Aber wenn ich ganz leise sage: „Ihr seid ja *liebe* Küken und so *nett*", dann antworten sie ganz friedlich. Doch wenn ich hell und heftig sage: „Ihr lieben Küken", geraten sie in Erregung. Sie können einem Hund mit grantigem Tonfall zurufen: „Du *braver* Hund", er wird den Schwanz einziehen. Wenn Sie aber mit freundlichem Tonfall sagen: „Du *schlimmer* Hund", dann wird er wedeln. Das heißt, wir haben eine Wortsprache über eine weithin angeborene Sprache, die eine einfache Lautsprache ist, darübergesetzt.

Kreuzer: Über die Körpersprache.

Koenig: Ich habe bezüglich der Bartmeisen nachgewiesen, daß sie eine interne Sprache haben. Männchen und Weibchen können einander genau nach der Tonlage unterscheiden. Unter zwanzig Bartmeisen kann ein Männchen rufen, und es reagiert *seine* Bartmeisendame.

Ist Lügen menschlich?

Kreuzer: Der Wiener Psychologe Bühler hat in seiner Sprachtheorie einige wichtige Stufen der Sprache dargestellt, nämlich die Ausdrucksfunktion, die alle Lebewesen — auch die Pflanzen — gemeinsam haben, ferner die Kommunikationsfunktion, die Sie jetzt eben so plastisch dargestellt haben; er meint aber, daß dem Menschen die Darstellungsfunktion eigen ist, also die Fähigkeit zur Hypothesenbildung im Kopf, die Darstellung der Außenwelt in der Innenwelt, die es dann eigentlich ermöglicht, Fabeln zu erzählen und insbesondere auch zu lügen. Es gibt die Vermutung, daß Lügen spezifisch menschlich ist ...

Koenig: Das kann ich Ihnen sofort widerlegen: Wir haben einen sehr gescheiten Schäferhund am Wilhelminenberg gehabt und noch keinen Zaun — es liegt mehrere Jahrzehnte zurück —, und im nächsten Haus war eine läufige Hündin. Der Rüde wollte natürlich zu der Hündin hinauf. Wir haben ihn nicht hinausgelassen aus der Baracke, er mußte aber äußerln gehen. So bin ich mit dem Hund bei Fuß gegangen, und er ist neben mir gelaufen und hat immer zu mir heraufgeschaut. Dann kam ein Baum; er ging rechts vom Baum, und ich ging links vom Baum. Dann kam eine Baracke; er hat immer zu mir heraufgeschaut — kaum aber, daß er von ihr verdeckt war, ist er ums Betonbecken herumgerannt, hinauf zur Hündin. Das heißt: Er hat genau gewußt, was er will, er hat mich *belogen*. Er hat einen Trick verwendet, um ein Hindernis zwischen mich und sich zu bringen, um dann — in dem Moment, in dem er mich nicht sieht und in dem er glaubt, daß ich ihn nicht sehe — durchzugehen. Natürlich war das blöd gelogen, denn ich bin ja draufgekommen, wohin der Hund ist. Es war aber effektiv *gelogen*.

Kreuzer: Sie meinen: Wenn es eine Grenze zwischen Tiersprachen und Menschensprachen gibt, müßte die höher liegen. Irgendwo in einer höheren Abstraktionsebene, wo die Hypothesenbildungen beginnen.

Koenig: Ich finde immer *quantitative,* nicht *qualitative* Grenzen. Eine Verhaltensweise bringt gar nichts, zwei bringen drei Möglichkeiten, drei Verhaltensweisen bringen schon sieben, vier Verhaltensweisen bringen bereits fünfzehn Möglichkeiten. Wenn Sie die Zwischenstufen ausschalten, haben Sie plötzlich ein Lebewesen mit tausend Möglichkeiten, und darunter haben Sie welche mit Hunderten. Das fällt natürlich auf, und jetzt können Sie eine Grenze setzen. Ich kenne noch keine Situationen, in denen Verhaltensweisen des Menschen nicht auf Wurzelfasern der Entwicklung zurückzuführen waren.

Kreuzer: Wobei vielleicht die Vermutung von Bedeutung ist, daß uns die Tiere in dieser Richtung *überlegen sein könnten.* An dieser Stelle ein kulturhistorischer Aspekt: Der zunehmend bekannter werdende Rudolf Hernegger, ein ehemaliger Südtiroler Theologe, hat eine hochinteressante Theorie aufgestellt, die eine interessante Beziehung zu Ihren Auffassungen hat: Er versucht den Tiergötter-Glauben über die vielen, wahrscheinlich Jahrmillionen der menschlichen Ur- und Vorgeschichte hinweg zu begründen. Er meint, daß das sprachliche, das helle, das menschliche Ich damals aufgetaucht ist, daß aber der Mensch vor seinem ihm vorerst unverständlichen Ich

Angst bekommen mußte, sich damit nicht zurechtgefunden hat und daß er in dieser Phase — und zwar über Millionen von Jahren — die Tiere seiner Umgebung auf sich bezogen hat, daß er in ihnen eigentlich *seine Individualität* gesucht hat — eine Beziehung zum Tier, die bis tief in unsere Kulturgeschichte zu den verschiedensten Tiergöttern geführt hat. Die Tiere sind für den Menschen über Jahrmillionen seiner Ur- und Vorgeschichte Götter gewesen.

Koenig: **Einzelne Tiere, einzelne Stämme gewiß — das geht auf den Totemismus hin. Das ist, glaube ich, aber auf eine sehr viel einfachere Weise zustande gekommen, und zwar dadurch, daß der Mensch von Anfang an nicht nur mit den Tieren, sondern *von den Tieren* gelebt hat, daß er Jäger war. Wenn Jäger keine Schießgewehre haben, die auf fünfhundert Meter zielrichtig schießen, mit Zielfernrohren und Explosionsgeschossen, sondern mit einfachen Fallen, mit Steinwurf, mittels Anschleichen Tiere fangen müssen, dann müssen sie die Tiere haargenau kennen, ganz genau studieren. Und dazu brauchen Sie die Freude an der Beobachtung. Man tut ja ohne Zwang nichts, wenn es nicht Spaß macht. Wir essen nicht, wenn das Essen nicht Spaß macht. Der Fortpflanzungsbereich ist ein dafür charakteristischer Bereich, der lustigste Bereich überhaupt. Auch das Jagen muß Freude machen. Man geht nicht nur aus Hunger jagen, man geht aus Freude jagen. Und man kann nur etwas erbeuten, wenn man die Beute bis ins Detail hinein kennt. Daher auch die Höhlenzeichnungen. Das ist das Konzentrieren auf die Beute.**

Vom Tiergott zum Götzentier

Kreuzer: Ich möchte im großen Abschneider in die Gegenwart kommen und festhalten, wieviel wir an dieser Beziehung verloren haben oder im Begriff sind zu verlieren, weil doch das Tier, der einstige Tiergott, für uns einerseits sehr verdinglicht ist — Industrieprodukt, Ware, Nahrungsmittel —, andererseits aber auch als Götze auftritt, als vergötztes Haustier. Da fällt doch die gesamte Naturbeziehung zum Tier auseinander.

Koenig: Sie haben absolut recht. Vorerst ist zu sagen: Die Groß-stadt erträgt heute keine Tiere mehr. Noch vor hundert Jahren gab es in Wien Kühe, Schweine und Hühner. Die Kinder lebten unter Tieren. Das ist heute anders. Der Mensch formt sich aber bis zum sechsten Lebens-jahr; was er in dieser Zeit nicht erlernt, nicht erfährt, das kann er später nicht ausbauen. Unsere Kinder bekom-men keine echten Tiere zu sehen. Sie interessieren sich für das bewegte Objekt, sie sprechen natürlich auf „herzige" Formen an, sie denken an die Mickymaus und alle Tierfiguren, die im Sinne von Lorenz „verherzigt" sind. Das Tiererlebnis ist Mangelware, jetzt wird danach gesucht. Es wird jetzt auch von den Medien geboten, ohne daß die Kinder eine Erfahrung mit der Praxis haben. Ich erinnere mich an den Film *Daktari* mit all den Tieren — der brave Löwe, der herzige Schimpanse —, der die Zoo-Unfälle um dreißig Prozent gesteigert hat, weil die Kinder in jedem Löwen den *lieben Löwen* gesehen und ihm durch das Schutzgitter die Hand hineingestreckt haben. Und wenn wir den Leuten die Mickymaus vorzeigen, über die ein Auto drüberfahren kann und die sich dann wieder aufrichtet, dann kriegen die Kinder eine völlig falsche Vorstellung vom Tier. Dann glauben die Kinder: Das geht mit dem Meerschwein-chen auch. Die Medien lenken eigentlich von der Natur, von der natürlichen Umwelt ab. Das lebende Tier wird nur mehr im Zoo dargeboten: Da liegt es ruhig, entwik-kelt eigentlich kein Verhalten, ist nur noch Attraktion. Das Tier wird bald langweilig. Früher hat man gesagt: „Gebt den Kindern mehr abstraktes Spielzeug, damit sie Phantasie hineinlegen können." Das ist absolut richtig. Phantasie kann ich aber nur dann hineinlegen, wenn meine Phantasie von außen belebt ist. Das heißt: Wenn das Kind eine Kuh kennt, kann ich ihm einen Holzklotz geben: Es wird eine Kuh sehen; wenn es kei-ne Kuh kennt, hilft kein Holzklotz. Auch das Kind auf dem Land hat heute Batteriehühner statt Hühnerhof und den Traktor statt dem Pferd, also keine Tierbezie-hung. Das heißt, es wird durch die Technik, durch die Industrie, eine Kluft aufgerissen, die schwere psychi-sche Folgen hat.

Kreuzer: Das Bedürfnis nach dem Tier als Spielgefährte ist aber dennoch sehr groß — und am anderen Ende des Lebens das Bedürfnis nach dem Tier als Menschenersatz für den menschlichen Gefährten.

Koenig: Die alten Leute, die Männer und Frauen, die allein zurückgeblieben sind, sind Menschen wie alle anderen. Ein Achtzigjähriger ist subjektiv nicht achtzigjährig, er denkt immer noch wie ein Dreißigjähriger. Das *Herausschauen* bleibt gleich, nur das *Betrachtet-Werden* ergibt ein verändertes Bild. Ich erinnere mich an den Ausspruch einer alten Frau: „Ich will junge Leute um mich — alt bin ich selber!" Viele alte Menschen finden keinen Kontakt und suchen zuletzt das Tier. Das Füttern der Tauben in der Großstadt ist Psychohygiene — es ist wichtig, als Sozialbeziehung für Vereinsamte. Das Kind, das nun mit etwas agieren will, eine Rangordnung haben will, spielt mit dem Tier. Das kleine Kind macht mit dem Tier das, was die Eltern mit ihm machen. Es straft sein Tier, es belohnt sein Tier. Das Tier ist der Sozialpartner. Das sind aber unerhört wichtige Erziehungsmomente, die von der Politik und von der Verwaltung viel ernster genommen werden müssen, als es bisher geschieht.

Jahr 2000:
Jedes zweite Tier ausgestorben

Kreuzer: Wir kommen jetzt zu dem interessanten Schlußkapitel der Ökologie. Ich möchte es einleiten mit der Frage: Was wird eigentlich auf diesem Planeten aus *dem Tier,* aus *den Tieren,* aus *den anderen Tieren,* angesichts des Alpha-Tieres Mensch?

Koenig: Das Alpha-Tier Mensch hat sich zu einem Pilzbefall der Erde entwickelt. Es gibt kein echtes Wirtschaftswachstum einfach deshalb, weil Sie die Erde nicht aufblasen können; weil sich das, was die Erde geben kann, nicht vergrößern läßt. Wenn sich nun eine Art so ausdehnt, daß sie alles andere überwuchert, rottet sie die übrigen Lebewesen aus, stirbt aber dann früher oder später selbst. Wenn Sie ein Aquarium hinstellen und neu einrichten, kriegen Sie Algenbewuchs. Sie brauchen die Algen nicht bekämpfen. Die Algen sterben eines Tages, wenn die Nährstoffe weg sind, von selber. Das heißt: Auch der Mensch wird aussterben.

Kreuzer: Zuerst am Schicksal der Tiere. Dieses Schicksal heißt: Ausgerottet werden, aussterben oder in der Macht des Menschen durch Züchtung degenerieren.

Koenig: **Durch Züchtung degenerieren, ökologisch angepaßt werden. Ich kann ein Wildtier nicht in den Zoo stecken und ewige Zeit züchten, weil ja der ökologische Rahmen verlorengeht. Das gilt auch für Pflanzen. Wir wissen, daß wir im Zoo Tiere züchten können, aber eines Tages bricht die ganze Zucht zusammen. Wir müssen damit rechnen, daß bis zur Jahrtausendwende die Hälfte aller Tierarten von dieser Erde verschwunden sein wird ...**

Kreuzer: Das hieße bis zur nächsten Jahrtausendwende, daß auch der genetische Verfall der vorhandenen Gensubstanz bereits ein so großer wäre, daß eigentlich das Weiterexistieren der Tierarten überhaupt in Frage gestellt wird.

Koenig: **Da lege ich mehr Vertrauen in die Kraft der Natur, des Werdens und Vergehens. Die wird sich *unser entledigen* und dann völlig erholen. Es werden neue Formen entstehen, angepaßt an die Situation. Es können natürlich auch Tiere entstehen, die auf einen gewissen Bleigehalt eingestellt sind. Das kann die Natur. Sie hat unendlich viel auf dem Gebiet zustande gebracht. Der genetische Vorgang dauert unendlich viel länger als die technische Erfindung des Menschen. Daher kommt es zuerst zu einem Zusammenbruch dessen, was nicht angepaßt ist — und dann gibt es einige, die sich anpassen. Zum Beispiel der Kartoffelkäfer, dem DDT schmeckt. Das ist eine Generationenfrage.**

Der Mensch wird abgeschüttelt, die Natur überlebt

Kreuzer: Ihre Vorhersage ist furchtbar pessimistisch für den Menschen und sehr optimistisch für die Natur überhaupt. Die Natur kann den Menschen abschütteln und lebt weiter ...

Koenig: **Sie wird den Menschen abschütteln, zum Teil abschütteln — Gruppen werden sicher bleiben. Der Mensch hat** es aber mit seinem Verstand effektiv in der Hand, die Entwicklung zu lenken. Es gibt bereits bei Friedrich Engels, in der *Dialektik der Natur,* 1883, die Aussage, daß der Mensch ein Teil dieser Natur ist; er hat das Vorrecht, daß er die Gesetze der Natur erkennen und für sich nützen kann; wenn er sie nicht richtig nützt und sich nicht anpaßt, haftet er für die Folgen. Das heißt: 1883 haben wir das alles schon gewußt. Schon in der Bibel steht: „So du ein Vogelnest findest mit Jungen oder Eiern, laß die Mutter fliegen und nimm dir die Jungen oder die Eier, auf daß es dir wohlergehe"; was heißt: „Nütze die Produktion, aber zerstöre nicht die Produktionsstätte!" Wir versündigen uns — ich spreche jetzt nicht konfessionell —, indem wir dauernd die Mutter nehmen, wodurch auch die Kinder zugrunde gehen. Und das Dümmste, was man auf dieser Welt tun kann, ist: Wissen, wie es geht, wissen, wie man es macht, und nur aus Bequemlichkeit *nichts tun*; und sagen: „Es wird schon nichts passieren."

Natur aus erster Hand, Natur aus zweiter Hand

Kreuzer: Sie bringen da sehr wortgewaltig eine ökologische Grundgesinnung zum Ausdruck, die sich in keiner Weise von der eines Konrad Lorenz unterscheidet. Ich kann es Ihnen aber nicht ersparen — auch nicht in einem Geburtstagsgespräch —, auf die aktuellen Gegensätze zu verweisen. Auch wenn ich den Anlaßfall Hainburg übergehe, bleibt das Grundproblem: Die anderen sind überzeugt, daß man wesentliche Teile der Natur so erhalten kann, wie sie sind, und daß man darum kämpfen muß, um jeden Zipfel davon. Sie aber sind offenkundig in der Beziehung schon pessimistischer; Sie sehen weitere Teile unserer Natur als unrettbar an und setzen sich daher für das *Wiederherstellen der Natur* nach der Zerstörung durch die Technik ein, für die *Natur aus zweiter Hand.*

Koenig: Das stimmt zum Teil, aber nicht ganz. Was die Differenz zwischen Konrad Lorenz und mir betrifft: Wir haben über diesen speziellen Fall niemals gesprochen. Lorenz ist mein Lehrer, ich verehre Lorenz, ich weiß, was ich von ihm gelernt habe. Ich glaube: Was wir machen, ist echte Lorenzsche Verhaltensforschung. Nun gibt es die Differenz Donauau. Wir sind beide an der Donau aufgewachsen, wir lieben beide die Donau. Die Situation ist aber nun die folgende: Wasserkraft ist für mich die einzige saubere Energie auf dieser Welt — außer Sonnenenergie, Windenergie, Erdwärme, Muskelkraft. Muskelkraft wird heute abgelehnt — ja nichts arbeiten, alles nur mit Knöpfchendruck; Sonnenenergie ist für Österreich sehr schön, aber nicht hinreichend; Windenergie ist vielleicht von einigem Nutzen in der Ebene im Burgenland, aber nicht ausschlaggebend; für Erdwärme haben wir leider nicht die Technologien, obwohl das natürlich eine phantastische Quelle wäre. Real haben wir in Österreich ökologisch vor allem die Wasserkraft; in der ersten Bundeshymne nach 1918 ist bereits die Wasserkraft erwähnt, und ich habe als kleiner Bub in der Schule einen Aufsatz darüber geschrieben, wie gescheit die Tiroler sind, daß sie die Wasserkraft nützen. Wasserkraft ist sauber, sie regeneriert sich ununterbrochen. Auf der anderen Seite haben wir Kohle und Öl. Beides sind Substanzen, die aus dem Kreislauf ausgeschieden sind. Tote Substanzen des biologischen Kreislaufes, abgelagert in der Erde. Wenn Sie die in den Kreislauf hineinbringen, so ist das — es ist ein harter Vergleich — so, als wollten Sie einen Menschen mit seinen Fäkalien füttern. Das muß negative Folgen haben. Außerdem kann ich aus Kohle und Öl so wunderbare Sachen machen — Medikamente etwa —, so daß ich diese Stoffe nicht verbrennen darf. Und ich bin gegen das Verbrennen von Kohle und Öl um so mehr, als es eine österreichische Nationalfrage ist, eine Frage der Neutralität. Wir hängen durch Energieimporte von Staaten ab, die uns im Kriegsfall erpressen können.

Kreuzer: Und aus dieser Herleitung ergibt sich für Sie, daß beim Bau eines Wasserkraftwerkes auch ökologische Opfer zu bringen sind?

Koenig: Wenn Sie mich über die Umbalfälle fragen, sage ich sofort nein, das kommt nicht in Frage. Zum Kraftwerk Wachau würde ich sofort nein sagen. Hainburg aber kann ich opfern. Ich muß eben landschaftliche Schönheit gegen ökologischen Nutzen abwägen. Das ist die Grundlage. Ich bin selbstverständlich dafür, daß man Naturgebiete unter Schutz stellt und erhält und daß man jede Au erhält. Bei Greifenstein ist es hervorragend gelungen. Die Gießgänge heben den Grundwasserspiegel um einen Meter, wir siedeln wieder Tiere an, und es entsteht dort die alte Au, die durch die Donauregulierung zerstört worden ist. Ohne Kraftwerkbau gräbt sich die Donau immer tiefer ein, immer tiefer, und der Grundwasserspiegel sinkt immer tiefer. Und das wollen wir bekämpfen. Der Stausee hebt das Wasser, und da kann man es in die Au rinnen lassen.

Kreuzer: Eines muß man Ihnen bestätigen: Sie haben in dem Augenblick einmal recht, in dem das Kraftwerk steht. Denn daß man sich nachher bemühen muß, das Bestmögliche zu machen, ist unbestritten. Das ist das, was Ihnen Günther Nenning vorwirft. Der sagt: „Warum kämpfst Du nicht mit uns vorerst gegen den Bau, warum nimmst Du schon an, daß es gebaut worden ist?"

Koenig: **Ich sehe die Notwendigkeit des Überlebens Österreichs in der Energiewirtschaft. Ich will die Schließung von Kohle- und Ölkraftwerken — die müssen weg, die vergiften uns, die sind neben den Autofahrern beteiligt am Sauren Regen. Warum kämpft die grüne Bewegung des Konrad Lorenz im Volksbegehren nicht gegen die Autos? Da steht kein Wort vom Auto drin.**

Kreuzer: Sie meinen, sie schlachten das falsche Schwein ...

Koenig: **Ja, sie schlachten das falsche Schwein.**

Wie alt ist der Neusiedler See?

Kreuzer: Dieser Konflikt ist kein Geburtstagsthema. Die Frage, die sich aus all dem ergibt, heißt: Wie *begrünbar* ist eigentlich die technische Welt? Wieviel kann man reparieren, erhalten, wiederbeleben, revitalisieren?

Koenig: **Eine Frage: Wie alt ist der Neusiedler See?**

Kreuzer: Ich glaube, er ist nicht so alt, wie er aussieht ...

Koenig: **Das ist eine salomonische Antwort. *Er besteht genau seit 1911.* Damals wurde nämlich der Einser-Kanal** geschaffen, und der Wasserspiegel wurde um einen Meter gesenkt. Damals wuchs das Schilf am Neusiedler See, erst danach kamen die Reiher. Die ganze herrliche Landschaft des Neusiedler Sees *hat es vorher nicht gegeben.* Die Trockenrasen am Ostufer, die wir unter Naturschutz stellen, sind eine Folge der Rinderzucht. Sie werden überhaupt kein Gebiet in Österreich finden, außer dem alpinen Hochgebirgsraum, wo nicht *Lebensraum aus zweiter Hand* besteht. Ich erwähne noch das Beispiel *Lange Lacke.* Ich war der erste, der damals vor dem Krieg den Naturschutz organisierte. Wir haben damals dagegen gekämpft, daß die Rinderherden durch die Lacke getrieben werden und die Vogel-Gelege zertreten. Heute stehen diese Gebiete unter Naturschutz, und es gibt keine Rinderherden mehr. Die Folge war, daß das Schilf hochgewachsen ist, daß alle Gebiete, in denen früher Seeschwalben und Regenpfeifer gebrütet haben, so überwuchert sind, daß die Vögel hier nicht brüten können. Das heißt: Wir haben sie mit dem Naturschutz vertrieben. Es gibt heute also keinen Naturschutz ohne Management mehr. Wir haben — und das kann ich meinen Gegnern vorhalten — jahrzehntelang geschrien: Wir wollen bei technischen Projekten von Anfang an bei der Planung dabei sein, um ökologische Fehler zu verhindern. Darum habe ich gekämpft. Und die ersten Briefe, die ich mit Verbund und Donaukraftwerken gewechselt habe, waren sehr, sehr hart. Bis zu dem Zeitpunkt, an dem sie gesagt haben: „Na, probieren wir es einmal." Und ich habe gesagt: „Okay, probieren wir es." Seither haben wir die Möglichkeit, bei der Planung dabei zu sein. Inzwischen haben sich die Voraussetzungen geändert: Sie können heute nicht mehr mit lokalem Naturschutz arbeiten; Sie müssen einen *übergreifenden Naturschutz* ins Leben rufen. Das Ruhrgebiet war noch vor zwanzig Jahren eine fürchterliche Drecksregion; wenn Sie von der Ferne kamen, sahen Sie weithin die Dunstglocke. Inzwischen haben sie die Schornsteine erhöht. Heute ist das Ruhrgebiet ein Paradies, es ist sauber: Wunderschöne Wälder, dort können Sie Naturschutzgebiete machen. In Schweden aber gehen die Seen zugrunde! Sie sind sauer wie Salatessig, es gibt keine Fische, weil jetzt die Abgase des Ruhrgebietes nach Skandinavien gehen. Es gibt heute keinen lokalen Naturschutz mehr. Fahren Sie durchs Inntal, sehen Sie, wie die Wälder sterben. Oder: Was nützt das Naturschutzgebiet Bayerischer Wald, wenn vierzig Prozent der Bäume durch die Abgase aus der Tschechoslowakei sterben?

Ein kaputter Planet
wird kein Garten

Kreuzer: Der Naturschützer der Zukunft ist also zunehmend kein Förster mehr — ein Verwalter der Natur aus erster Hand —, sondern ein Gärtner — ein Verwalter von Natur aus zweiter Hand.

Koenig: Im Grunde genommen ist das selbstverständlich; das fordern auch internationale Organisationen.

Kreuzer: Ihre These heißt: Was wir als Natur aus erster Hand betrachten, ist vielfach Natur aus zweiter Hand, und die Hoffnung, daß es Natur aus dritter, vierter Hand geben könnte, die wieder wie Natur aus erster Hand ausschaut, ist recht berechtigt.

Koenig: Wenn ich weiß, wie es geht, dann muß ich es um Gottes willen doch tun!

Kreuzer: Wie sieht es im Großen aus, auf den Kontinenten, auf denen die Regenwälder abgeholzt werden: Afrika, das austrocknet, der Himalaya, wo der letzte Baum abgeholzt wird. Gibt es auch dort — Ihrer Meinung nach — eine Chance für eine Natur aus zweiter, dritter, vierter Hand?

Koenig: Dort sind die Eingriffe *so gigantisch,* dort ist das so wie bei der Entstehung des Karstes im Mittelmeerraum, wie bei den Kaffeeplantagen auf Kuba, auf die schon Engels hingewiesen hat. Das sind gigantische Eingriffe, weil dann der Regen kommt, der die Erde abschwemmt. Technisch können sie es über viele Jahrzehnte, über viele Jahrhunderte hinweg reparieren, aber sind die Geldmittel vorhanden? Ich sage daher: Die Regenwälder dürfen nicht angegriffen werden. Die sind nicht wiederherstellbar. Ins Amazonasgebiet darf keine Technik hinein, da würde ich kämpfen bis zum

Letzten. Wenn es aber um ein Augebiet geht, von dem sechs Prozent verlorengehen, aber vierzehn Prozent gewonnen werden können, dann sage ich: „Okay, wir machen das!" Wir müssen im übergreifenden Umweltschutz viel dynamischer, viel weltweiter, viel plastischer denken als bisher.

Kreuzer: Das heißt: Aus kaputter Nah-Umgebung können wir mit den großen Mitteln der Zivilisation aus zweiter, dritter Hand Gärten machen, aus einem kaputten Planeten könnten wir keinen Garten mehr machen.

Koenig: **Wir nicht. Das kann nur die erste Hand. Und die wird dann was anderes daraus machen. Ohne uns.**

Kreuzer: Ich danke Ihnen, Herr Professor.